건축가와 동행하는
오감으로 만나는 세계문화유산

최호순 지음

아 키 랩

1 건축가로서의 본인소개

1.1 인본주의적 감수성 키우기 | 여행마니아   11

1.2 외국의 삶 | 프랑스로의 유학선택   12
             | 프랑스 파리에서의 실무경험   17

1.3 건축가가 바라보는 | 건축가가 바라보는 세계문화유산   20
     세계문화유산 | 세계문화유산의 탄생   28

2 오감으로 만나는 세계문화유산 _ 아시아

2.1 대한민국 | 종묘   37
         | 하회와 양동마을   49

2.2 일본 | 군함도   63
       | 시라카와고, 고카야마의 역사마을   70

2.3 중국 | 자금성   74
       | 푸젠 토루   81

2.4 인도 | 타지마할   86

3 오감으로 만나는 세계문화유산 _ 유럽

3.1 **스페인** | 건축가 안토니 가우디의 건축물   97

3.2 **프랑스** | 건축가 르 코르뷔지에의 건축물   118
            | 프랑스 수도 파리의 센 강변   131
            | 베르사유 궁전과 정원   145

3.3 **영국** | 바스 도시   151

3.4 **네덜란드** | 슈뢰더 하우스   163

3.5 **이탈리아** | 빌라 바르바로   169
            | 베니스 도시와 석호   176

4 오감으로 만나는 세계문화유산 _ 아프리카, 중동, 오세아니아

4.1 **이집트** | 이집트 고대왕국의 수도 멤피스와 무덤건축   189
            - 기자 지역에서 다슈르 지역의 피라미드 군

4.2 **요르단** | 고대도시 페트라   196

4.3 **호주** | 시드니 오페라 하우스   201

머릿말

본인이 지금까지 살면서 가장 잘 했다고 생각하는 것은 여행을 많이 한 것입니다. 대학생 시절부터 본격적인 여행을 했는데 대부분이 무작정 홀로 떠났던 배낭여행입니다. 건축을 공부해서 도시나 건축물을 보러 여행을 떠난다고 생각할 수도 있겠지만, 정작 본인은 흔히 말하는 건축답사를 위해 여행을 떠난 기억은 없습니다. 낯선 환경에서 접하는 타국 사람들, 각 나라의 전통시장, 출출할 때 먹었던 값싼 길거리 음식 그리고 술집이나 카페 등 짧게나마 발이 닿는 데로 접할 수 있는 현지인들의 삶을 접하는 것이 본인을 여행하게 만든 원동력이었습니다. 소심한 성격에 남들 앞에 나서는 것을 꺼렸던 본인을 오늘날 많은 학생들을 비롯한 여러 사람들 앞에 설 수 있게 만들고, 자연스러운 사회적 관계를 맺도록 해준 것도 여행 덕분이라 확신합니다. 여행 중에 예상치 못한 난관에 부딪혔을 때 그것을 극복할 수 있는 방법을 스스로 찾고, 9년간의 외국생활 중에 영화에서나 볼 수 있을 법한 대가(大家)들을 실제로 만나 그들과 생각을 교류했던 경험은 본인의 삶을 발전적으로 계획함에 많은 도움을 주어서 정말 '여행은 견문을 넓힌다.'라는 의미를 뼈저리게 느꼈습니다.

본인이 본격적으로 건축을 공부하면서 여러 건축물들을 접하게 되었고 특히 여행 중에 보았던 각 나라의 특성을 가진 도시나 건축물에 관심을 갖게 되었습니다. 오늘날 국적을 불문하고 개성 없는 천편일률적인 현대도시 및 건축물이 아닌, 자신만의 역사를 가지고 탄생한 각 지역의 건축물이 매우 매력적이었습니다. 이러한 저의 관심사가 본 서적을 집필하게 만들었고, 본 서적에서 설명하는 주요 건축물들은 세계가 인정하고 보호하고 있는 세계문화유산을 대상으로 하였습니다.

본 서적에서 다루는 세계문화유산은 대부분 본인이 직접 방문한 것으로 한정하였으며 건축가인 본인의 특성상 인류에 의해 인공적으로 만들어진 유산을 다루고자 했습니다. 기존의 세계문화유산 관련 문헌들이 보편적이고 객관적인 정보만을 제공하고 있다면, 본 저서에서는 세계문화유산이 탄생하게 된 배경과 그를 둘러싼 역사 그리고 건축학 관점에서의 의미 등을 복합적으로 다루고자 했습니다.

프랑스의 수도 파리를 여행하면 꼭 방문하는 루브르 박물관(Louvre Museum)의 입구가 유리 재질로 만든 피라미드 모양인 것은 무작정 박물관을 방문하는 여행객들에게는 의미 없게 다가올 것이지만, 다음과 같은 사실을 알고 방문하면 유리로 된 피라미드 입구를 다르게 바라 볼 수 있을 것입니다.

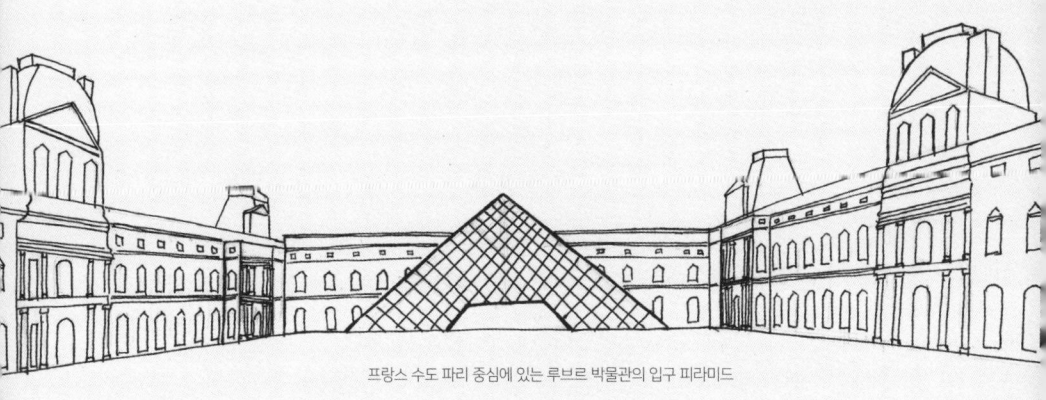

프랑스 수도 파리 중심에 있는 루브르 박물관의 입구 피라미드

프랑수와 미테랑
(François Mitterrand)

1981년부터 1996년까지
프랑스 대통령을 지냄

아이 엠 페이 (I. M. Pei)

루브르 박물관 입구 피라미드
를 설계한 건축가

 1981년 길었던 우파 정권을 마감하고 좌파의 프랑수와 미테랑(François Mitterrand, 1916-1996)이 프랑스 대통령에 취임합니다. 프랑수와 미테랑 대통령은 취임 후 바로 루브르 박물관을 개조하는 것을 대통령 핵심 사업으로 추진합니다. 프랑스 국가가 보유하고 있는 수많은 보물들을 제대로 갖추어진 박물관에 전시하고 모든 사람들이 자유롭게 예술작품을 감상할 수 있어야 한다는 것이 대통령의 생각이었습니다. 루브르 박물관 개조사업을 프랑스의 신임 대통령이 직접 추진하여 전 세계의 모든 건축가들은 관심을 가지게 되었고, 전세계 문화의 수도 파리에 들어설 박물관 건축 프로젝트는 당시 유명한 건축가들이 꼭 작업하고 싶은 매력적인 사업이었습니다. 마침내 루브르 박물관 설계 국제 건축공모전에 참여할 건축가가 심사를 통해 정해졌고, 중국계 미국 건축가인 '아이 엠 페이(I. M. Pei, 1917-2019)'의 설계 계획안이 채택되었습니다. 건축가 아이 엠 페이가 제안한 루브르 박물관 개조 설계안은 기존의 루브르 건축물을 최대한 보존하며, 상징적으로 박물관 입구를 유리 재질의 피라미드 모양으로 만드는 것이었습니다. 아이 엠 페이가 피라미드 모양으로 입구를 설계한 이유는 입구의 모양이 피라미드 형태로 인해 점점 위로 올라 갈수록 주변의 문화재인 루브르 박물관의 시야를 확보할 수 있고, 또한 유리재질로 만들어진 입구는 그 자체가 투명하므로 주변의 문화재와 함께 있어도 거부감이 없기 때문입니다. 이러한 설계 의도에도 불구하고 루브르 박물관을 상징할 중요한 입구의 모양이 피라미드의 형태라는 사실은 프랑스의 거의 모든 사람들에게 거부감을 불러 일으켰습니다. 프랑스 문화의 높은 자존심과 더군다나 자국의 수도, 파리 한 복판에 이집트 문화의 상징인 피라미드를 설치한다는 것은 프랑스인들에게 받아들일 수 없는 일이었습니다. 이러한 각계각층의 대다수 시민들의 반대에도 불구하고 대통령은 끝까지 자신의 피라미드 프로젝트를 추진하였고, 마침내 피라미드 입구는 완공되었습니다. 그리고 오늘날 루브르 박물관의 피라미드는 프랑스 수도 파리를 대표하는 '랜드마크(Landmark)' 건물로서 매우 성공적으로 박물관 입구의 역할을 수행하고 있습니다.

1981년 당시 대통령이 강한 사회적 반대에도 불구하고 피라미드 프로젝트를 묵묵하게 추진할 수 있었던 이유는 어떤 한 인물의 영향 때문이었는데, 그 사람은 바로 대통령이 사랑했던 숨겨둔 애인인 안 피노(Anne Pingeot, 1943-)입니다. 당시 대통령은 영부인이었던 다니엘 미테랑(Danielle Mitterrand, 1924-2011) 여사가 있었음에도 불구하고 숨겨 높은 애인이 있었습니다. 영부인도 남편에게 애인이 있는 사실을 알고 있었지만 자신은 대통령의 동지로서 프랑스 국가를 올바르게 운영하는 것을 삶의 목표로 둘 뿐, 애정관계는 대통령이 숨겨둔 여인에게 양보하였습니다. 숨겨둔 여인인 안 피노의 직업이 1981년 대통령이 강력하게 루브르 박물관 개조사업을 추진함에 있어 큰 영향을 미쳤는데, 그녀의 직업은 바로 루브르 박물관장이었습니다. 프랑수와 미테랑은 대통령에 당선되기 전부터 애인의 간절한 소망을 잘 알고 있었습니다. 프랑스가 보유한 수많은 소중한

다니엘 미테랑
(Danielle Mitterrand)
프랑스 대통령 영부인

안 피노 (Anne Pingeot)
프랑스 대통령의 애인

보물들이 전시 공간 부족으로 지하공간에 쌓여 있는 안타까움과 특정의 부유한 계층들만이 문화를 즐기는 것이 아니라 모든 시민들이 자유롭게 문화생활을 즐길 수 있도록 하는 것이 대통령이 사랑하는 사람의 가장 큰 소원이라는 사실을 대통령은 잘 알고 있었고, 마침내 대통령에 당선 되자마자 그 꿈을 실현시키려 노력했던 것입니다. 이러한 대통령과 애인과의 사랑의 힘은 수많은 사람들이 피라미드 모양의 입구라고 트집 잡아 루브르 박물관 개조사업을 반대하는 의견을 뛰어넘어 성공적으로 프로젝트를 완성하게 했습니다.

대통령과 숨겨둔 애인과의 관계를 불륜이라 부정적으로 평가할 수도 있겠지만, 아무튼 두 사람의 사랑은 오늘날의 루브르 박물관을 탄생시켰고, 루브르 박물관을 포함한 프랑스 수도 파리는 센(Seine)강을 중심으로 그 주변 일대가 1991년, 유네스코 세계문화유산에 등재되었습니다. 단순하게 센강이라는 자연요소를 중심으로 루브르 박물관, 19세기 높은 철제 건축기술력을 보여주고 있는 에펠탑 그리고 고딕건축의 대표성을 지니는 노트르담 대성당과 같이 객관적인 가치를 설명하는 것이 아닌 그 이면의 역사와 문화를 살펴보고자 하는 것이 본 서적의 의도입니다.

본 서적에 삽입된 모든 삽화들은 본인이 직접 그린 것으로 각 나라의 세계문화유산의 가치를 독자들에게 전달하는 데 도움이 될 것입니다. 때로는 많은 글보다도 다이어그램으로 표현되는 하나의 이미지가 더 많은 정보를 제공하기도 합니다.

본 서적은 우리 사회의 모든 구성원들을 대상으로 전 세계의 사회, 문화, 역사 그리고 도시 및 건축에 관심 있는 독자들과 의견을 나누고자 출간되었습니다. 방대한 분야를 다루고 있어서 깊이 있는 전문 학술서적은 아니지만, 서적을 접하는 누구에게나 쉽고 편하게 접할 수 있는 교양도서로서의 역할을 하길 바라면서 머릿글을 마칩니다.

피라미드 모양의 루브르 박물관 입구는 그 형태로 인하여 점점 위로 올라갈수록 주변의 오래된 건축물들의 시야를 확보할 수 있고, 투명한 유리재질 덕분에 주변의 문화재 건물들 사이에서 이질감이 없다.

루브르 박물관 내부에서도 유리재질의 박물관 입구를 통해 주변의 문화재 건물들을 볼 수 있다.

1 건축가로서의 본인소개

1.1   **인본주의적 감수성 키우기** | 여행마니아

1.2   **외국의 삶** | 프랑스로의 유학선택
                        | 프랑스 파리에서의 실무경험

1.3   **건축가가 바라보는** | 건축가가 바라보는 세계문화유산
         세계문화유산 | 세계문화유산의 탄생

여행마니아 _ Travel Mania

즐거운 나의 배낭여행

본인은 한국에서 건축공부를 하는 대학시절 동안 그 무엇보다도 여행을 많이 했습니다. 제가 23살 때, 난생 처음으로 비행기를 타고 해외 배낭여행을 떠난 곳은 군대를 마치고 복학하기까지 6개월 동안 머물렀던 호주와 학기 중 방학을 이용하여 여행했던 유럽의 여러 나라들입니다. 이상하게도 본인은 대학시절 동안 유럽의 나라들만 여행했습니다. 그 중에서도 대학교 3학년 여름방학 때 홀로 떠났던 유럽 여행 중에 프랑스 파리의 센(Seine)강 유람선을 탔던 기억은 아직도 머릿속에 생생히 남아있습니다. 제 키만 한 배낭을 메고 있는 이방인인 저에게 센 강가에서 파리지앵들이 편안하게 손을 흔들어주던 기억 그리고 노을이 물들어 있는 붉은 하늘과 강 주변의 모습은 제 인생에 큰 변화를 주는 결정적인 역할을 하게 됩니다.

프랑스 파리의 센(Seine) 강 주변의 아름다운 전경과 여유로운 모습의 파리지앵들

1.2 외국의 삶

프랑스로의
유학 선택 _Decision Studying Abroad to France

　　단순하지만 대학생 시절 배낭여행으로 떠났던 파리의 센강 모습에 반한 나머지 급기야 저는 대학에서 건축공부를 마침과 동시에 2004년, 프랑스로 유학을 떠나게 됩니다. 인생을 오래 살아 보진 못했지만, 때로는 단순한 이유로 인생의 중요한 결정을 하는 것도 삶을 살아가는 지혜가 될 수 있다는 생각이 듭니다. 제가 프랑스로 유학을 떠난 후 십년 이상이 지난 지금 생각해보면 불어를 하나도 못한 상태에서 혈혈단신 프랑스로 떠난 제 자신이 참 무모했다고 여겨집니다.

　　프랑스의 건축학제는 건축학교(우리나라의 캠퍼스 개념이 아닌 건축단과대학이 독립적으로 분리)라는 곳에서 총 6년간 진행됩니다. 저는 건축학교에 석사과정으로 진학하기 위해 지원을 하였고, 그 입학의 첫 번째 관문이 불어시험을 통과하는 것이었습니다. 파리에 있는 건축학교를 들어가기로 결심하고 1년간 불어 어학공부에 매진을 하여 20대 후반에 유학길에 올랐던 절실함으로 1년도 채 안되어 불어 어학시험을 무사히 통과하였습니다.

　　프랑스 파리에는 전 세계에서 온 외국인 유학생들이 무척 많습니다. 이러한 이유로 가장 작은 원룸형태의 주거공간이 매우 부족하며, 상대적으로 월세도 매우 비쌉니다. 2005년 드디어 건축석사과정에 입학하게 되어 제가 처음으로 거주하게 된 곳은 파리(Paris)의 북쪽지역에 위치한 18구(파리는 총 20개의 구역으로 나누어집니다.)의 작은 원룸 공간이었고, 그 공간의 규모는 한 사람이 거주 가능한 최소단위인 9m²였습니다.

   9m²라는 공간을 쉽게 설명하면 다음과 같습니다. 성인남자의 큰 보폭은 약 1m 정도이며 성인남자가 가로와 세로로 각각 세 보폭으로 걸어가 둘러싸인 공간이 바로 9m² 공간으로 보면 됩니다.

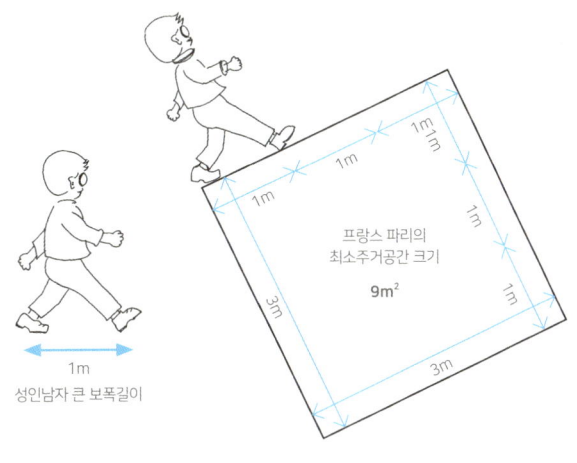

프랑스 파리의 최소 주거공간 크기

   처음 파리 시내의 작은 원룸의 이미지는 작고 불편하다는 것보다는 이방인으로서 파리 시내에 내가 쉴 수 있는 공간이 있다는 사실에 무척 기뻤습니다. 이 작은 원룸의 월세는 약 70만원으로 매우 비싼 편이었고, 지금 생각해보면 이방인인 저에게 집주인이 바가지를 씌운 면도 있었습니다. 하지만 관용의 나라라는 이미지를 갖고 있는 프랑스 정부는 국적을 불문하고 그 어떤 학생에게도 보조금을 주며(부모님 소득에 따라 차등 지급되지만 저는 대략 20만원의 보조금을 받았습니다.) 국립학교인 경우에는 등록금이 없기 때문에 전체적으로 유학생활 동안의 경제적인 부담감은 다른 외국 국가와 비교해서 그리 크지는 않습니다.

파리에서의 첫 번째 거주 공간. 공간 전체가 흰색인 9m² 크기의 원룸이었다.

저의 첫 작은 원룸 공간의 이미지는 집 주인의 비싼 월세에 대한 아쉬움과 또 하나의 좋지 않은 추억이 있습니다. 그것은 보증금에 관한 일화입니다. 프랑스의 경우, 입주하기 전에 두 달 치의 보증금을 집주인에게 맡깁니다. 이는 세입자가 월세를 내지 못하는 상황을 대비하거나 임대 계약만료 이후 세입자가 다른 곳으로 이사를 할 때 세입자가 사는 동안 집에 문제가 발생했을 경우 이 보증금을 집주인이 갖기 위함입니다. 제가 파리에서 제일 처음 얻은 $9m^2$ 공간의 첫 이미지는 모든 벽색이 흰색인 아주 깔끔한 이미지였습니다. 벽지, 책상, 의자를 비롯한 모든 집안의 물건이 하얀색이었습니다. 처음 하얗고 깨끗한 원룸에 들어갈 때의 행복한 기분은 이루 말할 수 없었습니다. 하지만 이러한 행복은 집 체류기간 계약을 마치고난 이후에는 악몽으로 돌아왔습니다.

   저는 6개월 동안 이 원룸에 살게 되었는데, 6개월간 집에서 공부도 하고 밥도 해먹고 여러 건축작업을 하면서 자연스럽게 집에는 저의 삶의 흔적이 남게 되어, 이로 인해 처음의 하얀색이 거무튀튀한 회색빛의 공간으로 변하게 되었습니다.

   집을 구하기 힘든 외국인 학생을 이용하여 비싼 월세를 받은 것뿐만 아니라, 두 달 치의 보증금 또한 착취하기 위하여 악덕 집 주인은 처음부터 온통 집안을 하얀색으로 칠해 놓는다는 사실도 파리의 초기 유학시절에 얻은 신선한 추억입니다.

   프랑스의 전기 값은 매우 비쌉니다. 이 작은 원룸은 개별난방을 해야 했기에 겨울철에는 개인 난로를 설치해서 사용했습니다. 난로를 작동시키고 우연히 계량기를 보았는데, 검침계의 거침없는 회전속도를 보고 전기료 폭탄을 맞을까 두려워서 잘 사용하지 못했습니다. 대신 욕탕에서 사우나도 하고 운동도 할 겸 헬스장을 등록해서 다녔던 기억이 납니다.

인생을 살면서 나쁜 일이 있으면 좋은 일도 꼭 오듯이, 6개월간 지냈던 아픈 추억이 있었던 원룸 이후의 다음 공간을 얻을 때에는 저에게 매우 행운이 따랐습니다. 월세를 줄이기 위해서 찾았던 두 번째 원룸은 월세가 적당한 임대 가격인 50만원 정도였고, 월세도 문제없이 내고 공간도 깨끗하게 사용한다는 한국인에 대한 인식이 좋은 집 주인을 만나서 계약도 수월하게 하게 되었습니다. 무엇보다도 새 원룸의 크기도 처음에 거주했던 방보다 거의 두 배 정도 커진 $16m^2$ 정도로, 이전의 최소 크기의 원룸에 비해 삶의 질도 매우 향상되었습니다. 저는 이 원룸에서 2012년 12월에 한국으로 귀국할 때까지 7년간 생활을 하게 됩니다.

제가 살고 싶은 도시인 파리에서 제가 좋아하는 건축 공부를 하게 되어서 매우 즐겁게 학업을 진행하였습니다. 즐기는 자를 이길 수 없다고 했듯이, 파리라는 좋아하는 도시에서 제가 좋아하는 건축공부를 하게 되어 2년 만에 석사 학위를 마치게 되었습니다. 건축 졸업작품 심사위원 중의 한 명으로 저의 졸업작품 최종발표에 참여했던 저명한 건축가로부터 함께 일해보자는 제의를 받고 저는 졸업과 동시에 파리 현지 건축사무소에서 실무를 시작하게 됩니다.

1.2 외국의 삶

프랑스 파리에서의 실무경험 _Working Experience in Paris

프랑스 건축사무소의 일상

　저의 파리 건축학 석사 졸업작품 심사위원 중의 한 명이었던 나스린 세라지(Nasrine Seraji) 건축가의 사무소에 2007년 9월부터 입사하여 저는 본격적으로 건축실무를 진행하게 됩니다. 이후 2011년까지 약 4년간 진행된 건축가이자 학자인 사무소 대표와의 실무경험은 건축설계뿐만 아니라 건축을 학문으로 연구하는 좋은 경험도 하게 되어 현재 대학교에 재직 중인 저에게 매우 큰 자산이 되었습니다. 회사 사장님도 이란 태생으로, 영국에서 대학을 졸업하고 파리에 사는 이방인이었기에 건축사무소에는 프랑스 건축가들보다도 다양한 국적의 외국 건축가들이 더 많았습니다. 이러한 다양한 국적의 사람들이 '건축'이라는 하나의 주제로 프랑스 '파리'라는 타지에서 동고동락하니 팀원들 간의 협력이 더 좋았고, 이러한 관계를 통해 저는 건축 분야뿐만 아니라 제 삶에 관한 견문이 더 넓혀지는 계기가 되었습니다. 예전에 함께 일할 때는 마냥 철부지들로만 느껴졌던 동료들이 현재 프랑스 건축계를 짊어질 젊고 유능한 건축가들로 각자 활발히 활약하고 있어서 매우 뿌듯한 감정이 듭니다.

 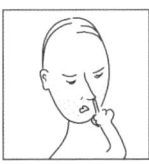  

Nasrine Seraji   Nicolas Février   Roland Oberhofer   Carole Lenoble

  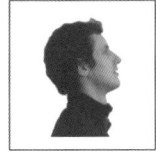 

Valérie Helman   Alejandro Bernal   Raphael Arlot   Cyril Gauthier

Marianna Trapani   Chrystele Rives   Ho Soon Choi

다양한 국적의 여러 건축가들과 진행했던 파리에서의 건축실무

1.3 건축가가 바라보는 세계문화유산

건축가가 바라보는 세계문화유산 _ Architect's View about World Heritage

자연과 공존하는 인류의 문화유산

저의 많은 여행경험과 유럽에서의 체류기간을 통해 저는 자연스럽게 역사가 깊고 가치 있는 건축물들에 관심을 가지게 되었습니다. 세계 여러 나라를 여행하면서 만나게 되는 유명한 유적지나 건축물들을 보며 단순하게 겉모습만 보는 것이 아니라 그 내면에 어떤 원인과 배경이 있었는지, 그리고 건축학적으로 어떤 의미가 있는지를 공부하다보니 마치 우리의 인생사와 마찬가지로 각각의 유적지나 건축물들도 즐겁거나 때론 슬픈 사연들을 가지고 있다는 점이 매우 흥미로웠습니다. 이러한 각 나라를 대표하는 문화유산들의 사연을 알고 그 유산들을 다시 바라보니 그들이 가진 진정한 가치를 느낄 수 있었습니다.

오늘날 우리가 미처 알지 못하고 지나치는, 또는 널리

소개되지 않은 소중한 문화유산들이 세계 곳곳에 많이 있습니다. 심지어 많은 국가들의 동의를 얻어 그 가치를 인정받은 소중한 문화유산조차도 그 가치에 관해 잘 알고 있지 못한 경우도 많습니다. 이러한 관점에서 본인은 우선 대다수의 세계인들이 인정한 각 나라의 문화유산들에 관해 공부를 하였고, 특히 외국 현지의 체류기간 동안 얻을 수 있었던 소중한 정보는 저의 지적 호기심을 채우는 데 많은 도움이 되었습니다.

본 서적에 등장하는 각 나라의 문화유산들은 전 세계적으로 그 가치를 인정받은 세계유산입니다. 본격적으로 각각의 세계유산에 관해 다루기 전에 우선 세계가 인정하는 보물인 세계유산은 어떻게 지정되며, 분류되는 종류의 수와 본 서적에서 다루고자 하는 세계유산은 어떤 것인가에 대해 설명하고자 합니다.

전 세계적으로 보존해야 할 가치가 있는 보물들은 국제기구인 유네스코에서 지정합니다. 유네스코 본부에서 지정하는 보물들은 크게 세 가지로 나뉘는데 첫째, 세계유산 둘째, 인류무형유산 마지막으로 세계기록유산입니다. 세계유산은 자연이나 건축물과 같이 우리가 쉽게 눈으로 볼 수 있는 유형의 자산들을 의미하고, 인류무형유산은 관습이나 지식과 같이 물리적인 형태가 없는 것을 의미합니다. 세계기록유산은 기록을 담고 있는 정보 또는 그 기록을 전달하는 매개물로서 우리나라의 훈민정음이 이에 해당합니다.

이 중에서 세계유산은 1972년 유네스코에 의해 채택된 세계유산협약에 의거하여 전 세계적으로 탁월한 보전의 가치가 있는 유산을 의미합니다.

세계유산은 크게 세 종류로 구분되는데, 첫째, '문화유산'으로 건축물, 기념물, 유적지와 같은 인위적으로 만들어진 구조물을 의미합니다. 대표적인 사례는 카지노와 쇼핑으로 유명한 마카오의 구도심(Historic Centre of Macao)을 들 수 있습니다. 마카오의 중심부에 가면 아시아 지역임에도 불구하고 서구 유럽의 도시풍경이 펼쳐집니다. 그 이유는 마카오가 16세기 중반부터 1999년까지 포르투갈의 영역이었기 때문에 마카오의 구도심은 동양과 서양의 문명이 공존하는 독특한 도시의 모습을 지니고 있습니다. 이러한 마카오에서만 볼 수 있는 독특한 도시문화의 가치로 2005년 마카오 구도심은 유네스코 '문화유산'에 등재되었습니다.

문화유산_마카오의 구도심 (Historic Centre of Macao)

둘째, '자연유산'으로 인공적인 현상이 아닌 자연지역이나 자연유적지를 의미합니다. 신혼여행지로 유명한 하와이 제도의 하와이 화산과 국립공원(Hawaii Volcanoes National Park)이 대표적인 자연유산입니다. 미국령 하와이 제도는 태평양 한 가운데에 여러 섬들로 구성되어 있고, 그 중에 2개의 화산은 여전히 화산활동을 하고 있습니다. 이처럼 화산활동의 지질학적 과정이 계속 진행 중이며 섬 주변으로 다양한 생태계가 자연스럽게 공존하고 있는 자연의 가치를 인정받아 1987년 유네스코 '자연유산'에 등재되었습니다.

자연유산_하와이 제도의 하와이 화산과 국립공원(Hawaii Volcanoes National Park)

마지막으로 '복합유산'이 있습니다. 복합유산은 문화유산과 자연유산의 특징을 동시에 만족하는 유산을 의미합니다. 대표적인 사례는 프랑스와 스페인 국경지역의 피레네 산맥의 몽 페르뒤 산(Pyrénées-Mont Perdu)입니다. 몽 페르뒤 산은 프랑스와 스페인 국경에 걸쳐있는 유럽 최대의 협곡지대로 이러한 대자연 자체는 과거부터 현재까지 지질학, 생태학 등의 생생한 자연 역사를 간직하고 있습니다. 또한 이 광활한 자연조건에 잘 적응해서 살고 있는 인류문명의 역사도 그 가치가 매우 중요합니

복합유산_피레네 산맥의 몽 페르뒤 산 (Pyrénées-Mont Perdu)

다. 이처럼 자연조건이라는 배경에 자연과 문명의 역사가 공존하는 피레네 산맥의 몽 페르뒤 산은 그 복합적 가치를 인정받아 1997년 유네스코 '복합유산'에 등재되었습니다. 우리나라의 경우 2018년 현재 총 13개의 세계유산을 보유하고 있으며, 그중에서 1개가 자연유산인데 제주도 화산섬과 용암동굴이 이에 해당하고 나머지 12개는 모두 문화유산입니다.

세계유산을 표현하는 로고는 둥근 원 속에 사각형이 들어가 있는 모습입니다. 사각형은 인간이 만든 형상을 의미하고 둥근 원형은 자연을 상징합니다. 즉, 인간이 만든 유산을 자연이 감싸고 있는 것을 표현하는 인간과 자연의 상호 조화를 상징합니다.

세계유산을 상징하는 로고

바깥의 원은 자연을, 그리고 원안의 네모는 인간이 만든 형상을 의미함.

본인은 이미 오래전 우리의 선조들께서 이러한 유네스코 정신을 기본으로 국가의 틀을 계획했다고 생각합니다. 자연과 인공적인 요소들이 서로 잘 공존하는 대표적인 사례로 조선시대의 궁궐인 경복궁이 있으며, 1915년 경복궁의 모습을 담은 화가 안중식(安中植, 1861-1919)의 〈백악춘효(白岳春曉)〉 그림이 이를 잘 표현하고 있습니다.

<백악춘효(白岳春曉)> 안중식. 1915년

〈백악춘효(白岳春曉)〉는 '봄 새벽에 바라본 백악산'을 의미하며, 안중식 화가가 일제에 의해 경복궁이 허물어져가는 안타까움에서 경복궁의 원래 모습과 그 뒤의 백악산의 모습을 간직하고자 그린 그림입니다. 백악춘효가 광화문 뒤에서 군림할 듯 배치될 조선총독부 건설이 시작될 일 년전인 1915년에 그려졌다는 사실은 안중식이

본 그림을 그리면서 얼마나 조선왕조의 원래모습을 후대에 전하고 싶었을까 하는 그의 안타까운 심정이 절실히 느껴져 마음이 짠해집니다. 또한 그림 제목에 경복궁이 빠져 있는 사실은 당시 국력이 약해 일제 식민 지배를 받게 된 조선왕조에 대한 원망과 아쉬움을 조선을 상징하는 경복궁을 그림의 제목에서 제외함으로서 그의 나라 잃은 비통한 심정을 표현하지 않았을까 생각해 봅니다. 백악춘효 속의 경복궁은 광화문의 모습만 온전히 보이고 나머지 궁궐들은 자연 속에 숨어있습니다. 본 그림의 첫인상은 경복궁 뒤에 위치한 백악산의 힘찬 기운이 느껴지고, 산 윗부분과 아래 부분을 구분하려는 듯이 표현된 옅은 구름들 그리고 무성한 나무들이 그림의 주를 이룹니다. 인공물인 경복궁은 자연에 동화되려는 듯이 무성한 나무숲속에 녹아들어 있는 모습이 특징입니다. 이렇듯 조선시대를 대표하는 경복궁은 유네스코의 정신인 자연과 인간의 상호 조화를 잘 보여주는 우리나라의 대표적인 문화유산입니다. 사람에 의해 인공적으로 만들어진 건축물들이 자연을 지배하지 않고, 오히려 자연에 순응하고자 했던 경복궁은 이러한 훌륭한 가치를 가졌음에도 불구하고 일제강점기동안 겪었던 심각한 훼손으로 인하여 세계문화유산에 등재되지는 못하였습니다. 하지만 안중식의 백악춘효에 표현된 우리의 문화유산 경복궁이 오늘날 유네스코가 추구하는 인간과 자연의 아름다운 조화를 이미 추구하고 있었음은 틀림없는 사실입니다.

　오늘날 우리주변의 곳곳에서 벌어지고 있는 무미건조한 도시의 변화를 보면서 우리의 선조들께서 추구했던 인간과 자연의 조화를 중요하게 여겼던 가치관이 급속하게 사라지는 것 같아 참으로 안타깝습니다.

본 저서에서는 다양한 세계유산들 중에서 건축물, 기념물 또는 유적지와 같은 '문화유산'만을 다룹니다. 본 저서를 집필하는 목적이 본인의 건축가라는 관점에서 세계유산을 바라보고자 함에 있고, 기존에 소개된 일반적인 세계유산들의 가치에서 벗어나 건축가의 특정 관점에서 세계문화유산을 재해석하기 위함입니다. 이러한 이유로 저자의 전문분야인 건축적 관점을 활용하여, 저자가 직접 방문 했고 연구했던 각국의 '문화유산'들이 본 저서에 소개됩니다.

눈 덮인 경복궁의 고즈넉한 전경

1.3 건축가가 바라보는 세계문화유산

세계문화유산의 탄생 — The Birth of World Heritage

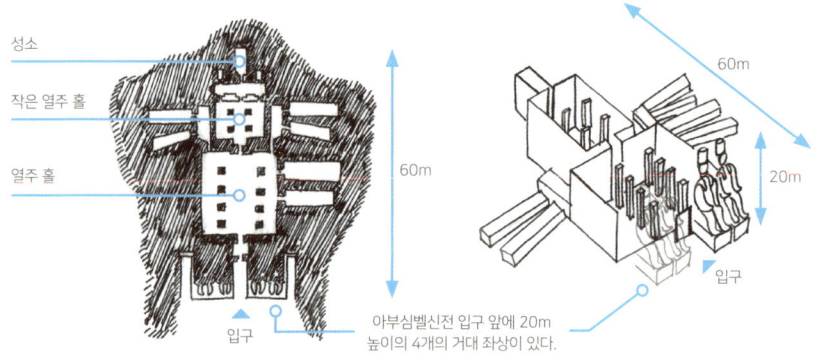

이집트 아부심벨(Abu Simbel Temples) 신전의 구성

　　세계문화유산이 탄생된 계기는 아프리카의 이집트에 있는 고대 유적지를 복원하면서 시작되었습니다. 바로 그 유적지는 '아부심벨(Abu Simbel Temples) 신전'으로 이집트 남부지역의 나일강 유역에 위치하고 있습니다.

　　1950년대 이집트는 부족한 전력 사정을 개선하고 사막지역이라는 자연제약 조건으로 인한 불안정적인 수량 확보 문제를 해결하기 위해 나일강 유역에 아스완 하이 댐이라는 대형 댐을 건설하기로 결정합니다. 하지만 이 대형 댐으로 인해 나일 강 하류지역의 수위는 오르게 되고, 이집트 아스완 지역은 물론 이웃 나라인 수단의 누비아 계곡에 남아있던 고대의 많은 유적들이 물에 잠길 운명에 놓이게 됩니다. 소중한 문화재가 물 속에 잠기더라도 당장 살고 있는 시민들을 위해 이집트 정부는 대형 댐 건설을 결정하였으나 댐이 가둔 물에 잠길 여러 문화유적들 중 특히, 고대 이집트의 가장 중요한 인물인 람세스 2세가 자신의 무덤 및 사후세계를 위해 세운 아부심벨 대신전(Abu Simbel Temples)과 소신전 그리고 필레신전(Philae Temple)은 이집트의 가장 중요한 문화재들이었습니다. 이 중요한 문화재들을 보호하고자 1959년, 이집트와 수단 정부는 유네스코에 지원을 요청하였고 본 문화재들의 가치를 인정한 유네스코는 곧바로 세계적인 유적 보호 운동을 전개하게 됩니다. 이집트에서 시작된 유네스코 주도의 문화재 보호운동은 전 세계적으로 큰 반향을 일으키게 되어 당시 약 50여 개국의 도움으로 많은 기금이 모금되었습니다.

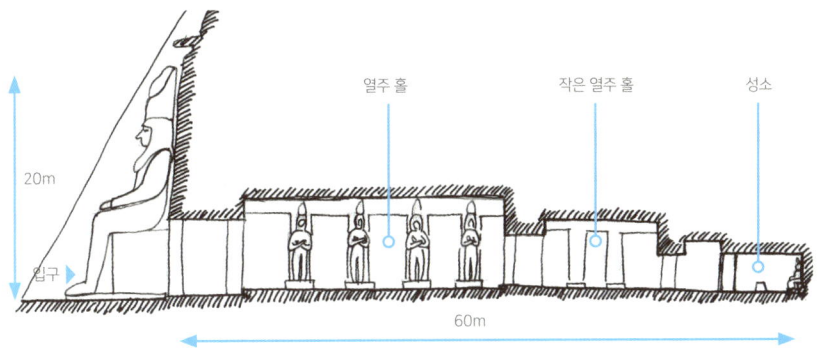

신전 입구를 지나면 람세스 2세를 표현한 8개의 조각상들이 있는 열주 홀, 신들에게 헌물을 바치는 장면이 새겨져 있는 작은 열주 홀 그리고 가장 중요한 공간인 성소가 나온다. 성소에는 총 4개의 좌상이 있는데 람세스 2세와 3개의 국가의 신들을 묘사하고 있다.

아스완 하이 댐이 완공되기 전인 1968년부터 아부심벨신전은 이전이 시작되었습니다. 댐이 완공되어 수위가 높아질 것을 고려하여 현재 신선이 있는 위치보다 높은 곳으로 이전을 결정하였습니다. 아부심벨신전은 돌로 된 동굴을 파서 만든 신전 건축물로써 그 규모는 동굴 깊이가 60m, 그리고 높이는 20m에 이릅니다. 20m의 동굴 높이는 현대 건축물의 7층 높이에 해당하는 것으로,

아부심벨신전을 지키는 람세스 2세의 얼굴을 'ㄴ'모양의 보강재로 결합하였다.

기원전 1300년에 아부심벨이 지어지기 시작한 것을 감안하면 당시 이집트의 건축기술이 대단했음을 예상할 수 있습니다.

아부심벨신전은 이전하기 전에 그 엄청난 규모로 인하여 신전 전체를 일일이 분해해서 옮겨야 했습니다. 1964년과 1965년 동안 작업자들의 손에 의해 1만 개가 넘는 블록으로 분해되었고, 그 블록들의 무게는 평균 20 ~ 30톤 정도 되었습니다. 잘려진 블록들은 새로 옮겨질 장소로 운반되어 다시 기존의 모습처럼 맞추어진 이후, 콘크리트 돔 위에 고정되었습니다.

블록의 엄청난 무게로 인하여 각각의 블록들을 새로 고정하는 데 많은 어려움이 있었습니다. 우선, 쉽게 생각할 수 있는 강한 접착력을 이용하여 블록들을 서로 고정하는 방법은 그 거대한 블록 자체의 무게로 인하여 떨어질 위험성이 있기에 배제되었고 결국, 분리된 요소 뒷면에 'ㄴ'모양의 보강요소를 덧붙여서 다른 블록에 끼워 맞추는 방법이 채택되었습니다. 이처럼 엄청난 규모의 아부심벨신전의 이전 및 복원을 위해서 새로운 건축기술이 개발되어 사용되었고, 그 과정은 총 20년이라는 오랜 기간이 소요되었습니다.

전 세계의 전폭적인 도움의 결과로 아부심벨신전은 이전 준비기간을 포함하여 1960년부터 1980년까지 총 20년간 이전 및 복원공사를 거쳐 물 속에 잠기는 사태로부터 벗어날 수 있었습니다. 전 세계는 이 문화재의 복원을 계기로 국경과 상관없이 보존해야 할 가치가 있는 보물들은 한 국가의 범주를 벗어나 전 인류사회가 나서 보호해야 함을 절실히 느꼈습니다. 이러한 문화재 보존에 있어서 전 세계가 동참하는 구체적인 체계는 국제기구인 유네스코에서 담당하기로 결정하고 1975년 세계유산협약이 정식 발효되었습니다. 본 협약에 의해 세계문화유산에 등재되면 세계유산기금, 세계유산센터, 국제기념물유적협의회 등의 관련 기구를 통해 유산 보호에 필요한 재정 및 기술 지원을 받게 됩니다. 우리나라를 비롯한 선진국들은 세계유산에 등재되어도 해당 유산 보존을 위해 세계유산위원회로부터 재정 지원을 받는 경우는 거의 없고, 오히려 저개발국의 세계유산 보존에 기여하도록 유네스코에 기금을 제공합니다.

특정 국가 또는 민족이 세계문화유산을 많이 보유한다는 의미는 전 인류를 넘어선 보편적인 가치를 지닌 훌륭한 문화와 기술을 가졌음을 전 세계적으로 인정받는 것이며, 본 세계유산을 통해 국제적인 지명도가 높아져 관광객 증가와 지역 발전 등의 국가발전에 긍정적인 효과를 얻을 수 있습니다.

오늘날 이집트를 방문하면 그 어떤 나라에서도 느낄 수 없는 이집트만이 가진 특징이 있습니다. 그 국가만이 가진 독특한 점은 고대 문명의 발생지인 나일강을 중심으로 발 닿는 모든 곳이 문화유적이며, 이러한 살아있는 박물관과 같은 도시 전체에서 여행객들은 숭고한 감정을 느낄 수 있다는 사실입니다. 이러한 찬란한 문화재 속의 이집트를 여행하면서 전 우주 속의 하나의 작은 껍질 같은 인간 자신의 존재에 대해서 잠시나마 깊게 생각해 볼 수 있는 기회가 생기는 것도 이집트 여행을 통해서만 가능할 것입니다.

본인은 파리에서 거주하고 있었던 2009년에 이집트

나일강을 따라 일주일간 여행을 했습니다. 본인에게 아프리카 대륙은 여행할 엄두가 나지 않는 머나먼 미지의 세계였지만, 파리에서 이집트까지는 비행기로 5시간 정도 걸리기에 유럽에서 거주할 때 한 번 다녀와 보자 하는 심정으로 여행 결정을 했습니다. 이전에 방문했던 여러 다른 나라들보다도 이집트 여행은 본인에게 가장 강렬한 인상을 남겼습니다. 일주일 여행기간 동안 방문했던 사소한 장소들조차도 찬란한 이집트의 역사를 소중하게 간직하고 있다는 사실이 놀라웠고, 이러한 엄청난 문화재들이 생생하게 증언하듯이 과거에는 선진국이었던 이집트가 현재는 극빈한 국가임을 볼 수 있는 매우 극단적인 느낌이 경외심까지 일으켰습니다. 역사는 돌고 돈다고 했듯이 본인은 이집트 여행을 통해 기원전 전 세계에서 가장 찬란한 선진국이었던 이집트 국가가 현재에는 그 반대의 상황에 있지만, 언젠가는 예전의 찬란한 역사에 버금가는 선진국이 되리라 상상해 보았고, 오늘날 부유한 국가들의 국력도 어느 순간 물거품이 될 수 있음을 되새겨 볼 수 있었습니다.

저자가 이집트 여행 중에 아부심벨신전 앞에서 찍은 사진 (2009)

아부심벨(Abu Simbel Temples) 신전 이전의 경우와 마찬가지로 댐에 의해 물에 잠길 위험을 피하기 위해 이전된 필레신전(Philae Temple).

이집트내의 도시 곳곳이 문화재이다.

이집트 과거의 찬란했던 문화재들과 공존하는 현재 이집트인들의 일상생활.

MEMO

2 오감으로 만나는 세계문화유산 _ 아시아

2.1 **대한민국** | 종묘
　　　　　　 | 하회와 양동마을

2.2 **일본** | 군함도
　　　　　 | 시라카와고, 고카야마의 역사마을

2.3 **중국** | 자금성
　　　　　 | 푸젠 토루

2.4 **인도** | 타지마할

2.1 대한민국

종묘 _Jongmyo

대한민국 서울특별시 종로구에 위치한 종묘는 1995년 유네스코 세계문화유산에 등재되었습니다. 종묘는 조선을 건국한 태조 이성계가 1395년에 완공한 왕실의 사당으로서 조선왕조의 왕과 왕비가 돌아가셨을 때, 그들의 혼을 모시기 위한 용도로 건설되었습니다. 역대 왕실의 혼을 기리기 위해 종묘 안에 신주(神主)를 모시고 제사 개념의 종묘제례가 행해졌습니다.

종묘의 정전

가로 101m로서 우리나라에서
단일 건축물로는 가장 긴 목조건축물이다.

종묘의 가치는 조선시대의 왕실을 상징하는 목조건축물들이 있는 곳과 같은 단순한 것이 아닙니다. 조선시대의 종묘는 건축물들이 있는 공간이라는 물리적인 형태를 넘어선 국가의 정체성을 나타내기 위한 중요한 상징물입니다. 이와 같이 조선시대라는 일정 문화권 내에서 종묘

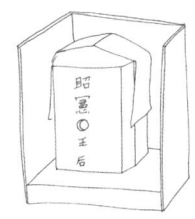

종묘에 안치된 신주(神主)

조선시대의 왕과 왕비의 죽음 이후, 그들의 혼령이 의지할 수 있도록 나무로 만든 상징물이다. "신주단지 모시듯 한다."라는 말에서 알 수 있듯이 조선왕조는 신주를 매우 신성시했다.

라는 공간으로 국가의 정신을 반영한 특수한 사실이 종묘가 세계문화유산으로 등재된 이유입니다.

조선시대의 국가정신과 종묘와의 관련성은 조선이 성리학을 국가정치의 근본으로 삼은 점입니다. 성리학은 당시 중국의 송(宋), 명(明)나라 학자들에 의해 성립된 학설로서 예절과 의식을 강조하는 유교사상을 중요하게 여깁니다. 오늘날에도 추석에 온 가족이 모여서 돌아가신 조상들에게 후손들의 안위를 위해 제사를 지내듯, 조선시대의 종묘는 돌아가신 왕과 왕비의 혼을 잘 모시고, 제사를 지내는 국가의 가장 중요한 건축물들이 있는 공간이었습니다. 조선시대에 종묘의 중요성을 단적으로 알 수 있는 사례는 태조 이성계가 조선을 건국할 당시, 살아있는 왕실의 공간인 경복궁보다도 종묘를 먼저 지었다는 사실에서 알 수 있습니다.

태조 이성계는 1394년 현재의 서울인 한양으로 수도를 결정하였습니다. 성리학을 국가근간으로 삼았던 조선은 새로운 수도 안에 가장 서둘러 지어야 할 세 가지가 있었는데, 그 세 가지 중에 첫째는 돌아가신 왕실의 혼을 모시는 종묘(사당)이며, 둘째는 살아있는 왕실의 공간인 경복궁(궁궐)이고, 마지막으로는 토지와 곡식의 신에게 제사를 지내기 위한 공간인 사직(제단)입니다. 오늘날 사극에서 신하가 왕에게 고언을 드리며 "이 나라의 종묘사직을 어찌하려고 이러시나이까?" 라는 표현에서 알 수 있듯이, 당시 제사의식이 행해지는 종묘와 사직 공간이 얼마나 중요했는가를 알 수 있습니다.

종묘는 크게 정전과 영녕전의 두 건축물로 구분됩니다. 돌아가신 왕과 왕비의 신주는 일단 정전에 모셔지게

종묘는 조선시대에 국가의 가장 중요한 공간이었다.

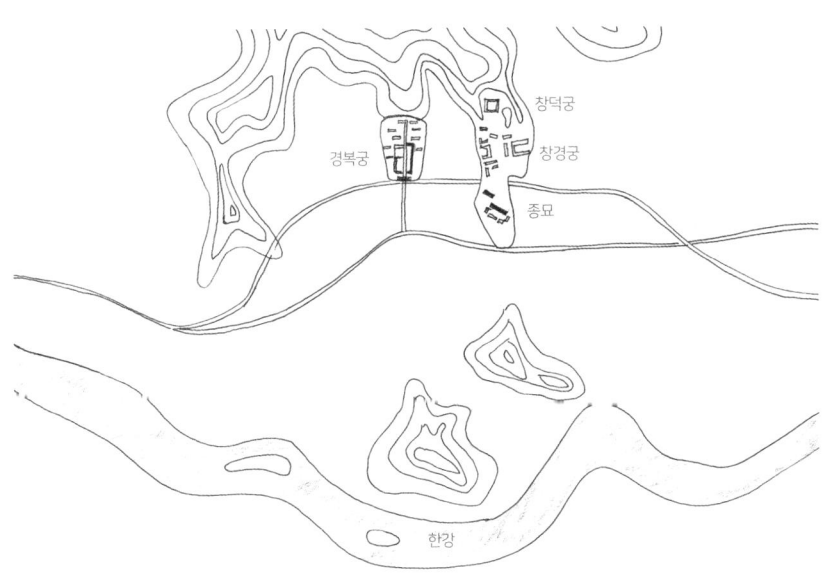

종묘는 배산임수(背山臨水)지형에 맞게 남쪽으로는 한강, 그리고 북쪽으로 북한산 사이에 위치하고 있다.

되는데 정전의 공간이 다 차게 되면 새로 모실 신실이 부족하게 되므로 오래된 신주를 영녕전에 모셨습니다. 또한 영녕전으로 옮겨 모실 신주를 결정할 때 국가에 공로한 업적이 많은 인물의 신주는 '불천위'라 하여 영원히 정전에 모시고 재위기간이 짧거나 업적이 미미한 분들의 경우에 영녕전으로 신주를 옮겼습니다. 쉽게 표현하여 종묘에는 조선의 역대 왕과 왕비의 신주를 모시는 중요한 두 건축물이 있는데, 그중에 정전은 조선 역사의 중요한 인물을 모시는 곳이며 영녕전은 '조금 덜 중요한 인물'을 모시는 곳이라 할 수 있겠습니다.

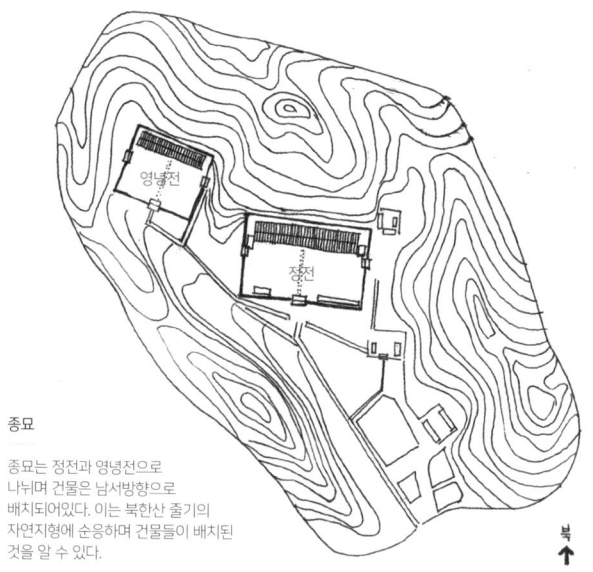

종묘

종묘는 정전과 영녕전으로 나뉘며 건물은 남서방향으로 배치되어있다. 이는 북한산 줄기의 자연지형에 순응하며 건물들이 배치된 것을 알 수 있다.

정전과 영녕전의 두 건축물들은 수평으로 긴 형태를 따라 기와로 덮인 거대한 지붕과 그 지붕을 받치고 있는 규칙적인 간격의 기둥들이 특징입니다. 특히 건물 앞쪽 방향으로 처마가 길게 뻗어 나와 있어서 낮에는 처마의 그림자로 인해 지붕의 아랫부분은 어둡게 보이고 육중한 기와지붕만이 강조되어 보입니다. 이처럼 돌아가신 분들의 공간인 정전과 영녕전은 거대한 수평 기와지붕, 그리고 규칙적인 기둥의 배치들로 국가의 가장 중요한 건물로서 엄격하고 근엄한 인상을 강하게 표현하고 있습니다. 이러한 강한 이미지를 가져야 했던 종묘는 당시 조선이라는 새로운 왕조를 세운 태조 이성계의 의지가 강하게 작용하였습니다. 이성계는 왕족 혈통이 아닌 변방 국가의 가문 없는 군인 출신으로서 국왕인 자신의 위엄을 세우고자 했습니다. 당시 국가의 이름마저 명나라로부터 승인을 받아야 했던 약소국 조선의 왕권을 인정받기 위하여 국가의 가장 중요한 종묘의 근엄한 이미지를 통해 국가의 정통성을 과시고자 했습니다.

종묘의 가장 중요한 건축물인 정전은 장변이 101m, 단변이 20m입니다. 이처럼 기차와 같이 좁고 긴 건축물의 형태는 정전의 용도와 관련이 깊습니다. 정전은 사람들이 거주하는 공간이 아닌 신주들을 모셔놓은 일종의 보관소 같은 건축물이며, 향후 왕과 왕비의 신주들이 얼마나 들어설지 예측이 불가능한 상태에서 비교적 증축이 쉬운 건축방법을 선택하여 좁고 긴 형태의 건물모습이 되었습니다. 정전 건축물이 증축이 쉬운 건축방법으로 지어졌다는 이유는 다음과 같습니다. 우리가 가장 단순한 한 건물을 짓는다고 가정할 때 옆의 그림에서 보듯, 최소한으로 기둥과 보 각각 4개 그리고 지붕이 필요합니다. 이 최소한의 건물형태를 하나의 모델로 정하고, 공간이 더 필요할 경우 최소한의 모델형태를 옆으로 계속 붙이면 됩니다. 이와 같은 원리로 정전의 경우 사람이 거주하는 공간이 아니기에 넓은 공간은 필요가 없으므로 건

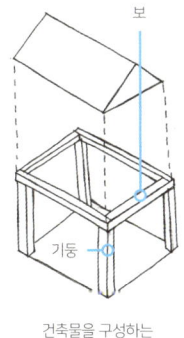

건축물을 구성하는
기본 건축요소

물의 폭은 좁으면 되며, 신주의 수가 늘어날수록 건물의 폭이 짧은 방향으로 계속 증축되었습니다.

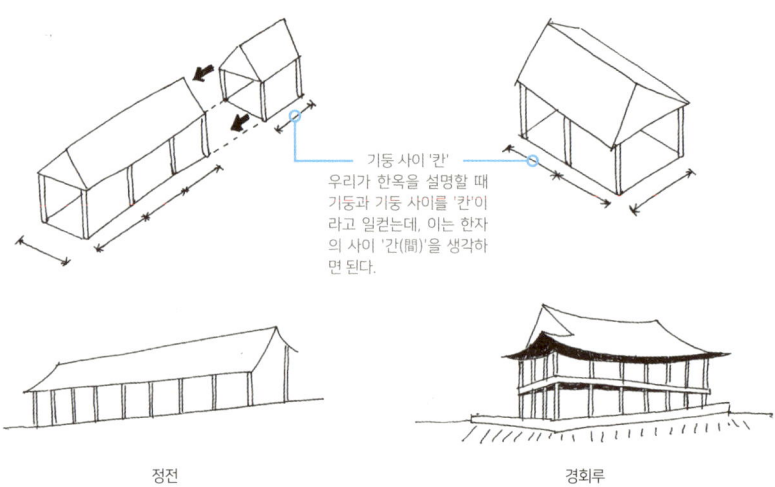

정전
좁고 긴 건축물 형태. 향후 공간이 더 필요할 경우 옆으로 증축할 수 있고, 사람이 살지 않는 사당 용도의 건축물이기에 내부 공간의 활용도가 중요하지 않다.

경회루
넓은 직사각형 건축물 형태. 향후 건물을 증축할 수 없고, 왕실의 행사를 치르기 위한 건축물이므로 건축물 내부에 충분한 여유공간이 필요하다.

기둥 사이 '칸'
우리가 한옥을 설명할 때 기둥과 기둥 사이에 '칸'이라고 일컫는데, 이는 한자의 사이 '간(間)'을 생각하면 된다.

실제로 정전은 총 세 번에 걸쳐 건물이 증축되었습니다. 1395년 정전이 처음 지어졌을 때, 건물의 기둥과 기둥사이가 7개의 모습이었습니다. 한옥을 설명할 때 기둥과 기둥사이를 '칸'이라고 일컫는데, 정전의 제일 처음 모습은 건물 정면이 7칸이었습니다. 이후 신주의 수가 늘어나자 1546년 명조는 좌우 각각 2칸씩 총 4칸을 덧붙였고, 1726년 영조는 동쪽으로 4칸, 마지막으로 1836년 헌종도 동쪽으로 4칸을 증축하여 오늘날 정전의 모습인 정면 19칸이 완성되었습니다.

정전의 강한 이미지를 표현하는 중요한 요소는 거대한 지붕입니다. 우리나라 한옥의 지붕은 맞배지붕, 우진각지붕 그리고 팔작지붕의 총 세 가지 형태가 있습니다.

맞배지붕

팔작지붕

우진각지붕

우선 첫째, 맞배지붕은 가장 간단한 건축양식으로 지붕이 양면으로 경사를 이루며 마치 책을 반쯤 펴 놓은 모양입니다. 지붕의 측면을 '박공'이라하는데 박공이 빗물에 노출되는 단점이 있습니다. 건물 측면이 빗물에 상하지 않도록 맞배지붕의 박공에는 '풍판'을 대어 건물을 보호합니다. 둘째, 우진각지붕이 있습니다. 우진각지붕은 맞배지붕의 박공을 보호하기 위해 진화된 형태입니다. 우진각지붕은 맞배지붕과는 달리 측면이 노출되지 않으므로 비로부터 건물이 보호됩니다. 그러나 '추녀'라는 재료의 시붕신에 맞는 길고 휘는 나무재료를 구히기 힘든 단점이 있습니다. 마지막으로 팔작지붕이 있습니다. 팔작지붕은 맞배지붕과 우진각지붕을 절충한, 각각의 지붕의 단점을 보완한 가장 진화된 형태입니다. 즉 팔작지붕은 박공이 빗물에 노출되는 단점과 우진각지붕의 추녀 재료를 구하기 어려움을 피하기 위해 팔작지붕의 측면에 눈썹처럼 생긴 '눈썹지붕'을 붙인 형태입니다. 특히 건물의 크기가 커질수록 팔작지붕이 사용되었고, 팔작지붕의 옆면에 눈썹지붕의 위쪽의 삼각형 모양의 형태는 '합각'이라 하며, 벽돌 및 판재의 다양한 재료로 건물을 아름답게 장식하기도 합니다.

종묘의 정전 지붕은 맞배지붕이며, 지붕측면이 가장 단순한 형태이기에 건물을 증축하는데 용이합니다.

1995년 종묘는 세계문화유산에 등재되었고, 2년 이후 1997년에 창덕궁이 세계문화유산에 등재되었습니다. 1405년 태종 4년에 지어진 창덕궁이 세계문화유산에 등재되고, 그 이전에 완공된 조선왕조의 가장 중요한 궁궐인 경복궁이 세계문화유산에 등재되지 못한 이면에는 일제강점기의 아픈 역사가 있기 때문입니다.

일제강점기 초반 1915년에 일제는 조선의 정신을 말살하기 위해 조선왕조의 상징인 경복궁을 해체하기 시작합니다. 일제는 경복궁 내 거의 모든 건축물을 허물고 또한 경복궁 내의 모든 석탑과 같은 보물을 외부로 반출을 합니다. 경복궁이 왕실이라는 경건한 공간을 훼손하기 위해 경복궁 내부에 상품진열관과 음악당을 설치합니다. 또한 1916년에는 일제강점기의 상징인 조선총독부 청사를 경복궁 입구에 짓기 시작하여 1926년에 완공합니다. 오늘날 볼 수 있는 광화문도 당시에는 일제가 철거하여 파기하려 하였으나, 일본인 학자들조차 광화문을 없애는 것을 반대하여 경복궁 동쪽으로 이전됩니다.

일제강점기가 지나고 오랜 시간이 지나 1968년에 동쪽에 있던 광화문은 원래 위치인 경복궁 입구로 옮겨졌

일제는 조선 민족정기를 말살하고자 북한산으로부터 경복궁, 그리고 광화문까지 곧게 연결되는 도시의 축을 의도적으로 비틀어 일제 강점의 상징인 조선총독부 건물을 경복궁 입구에 배치하였고, 왕실의 신성한 공간인 경복궁을 모두 해체하고 위락시설로 변경하였다.

으나, 정확한 고증을 바탕으로 이전되지 못하여 2006년 12월부터 2010년 8월 15일까지 광화문은 재복원 과정을 거치게 됩니다. 일제강점기의 아픈 역사를 보여주는 조선총독부 건물은 1995년부터 1996년까지 김영삼 대통령의 문민정부에 의해 철거됩니다. 조선총독부 건물이 경복궁의 상징인 광화문 뒤에서 광화문을 내려다보듯 버티고 있었던 것을 감안하면 매우 늦게 철거된 감이 있습니다.

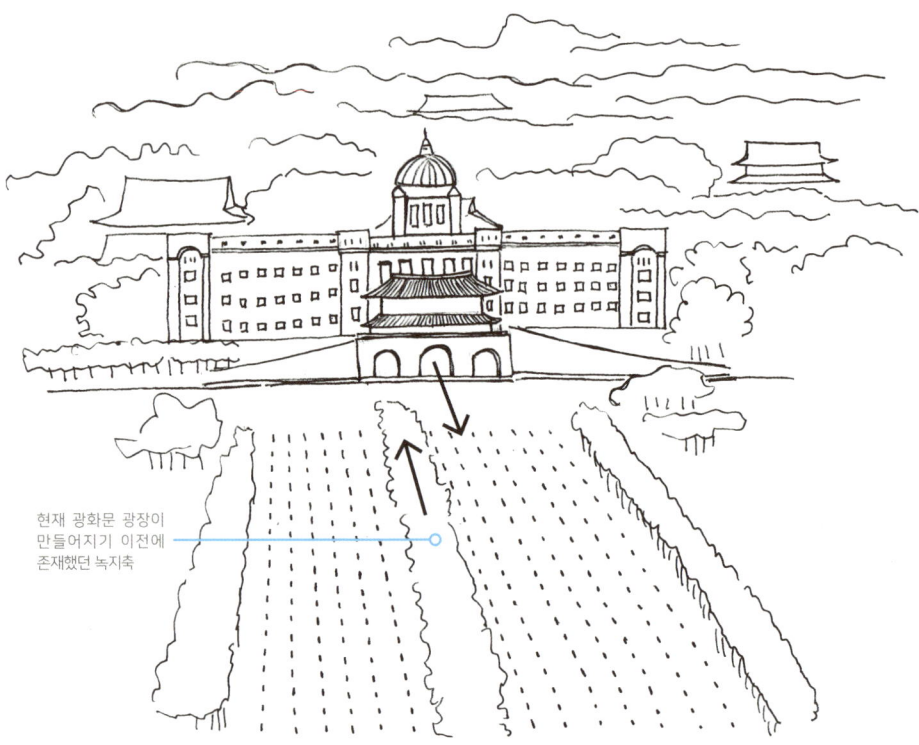

현재 광화문 광장이 만들어지기 이전에 존재했던 녹지축

상단의 그림에서 보듯 1996년 이전까지의 광화문 주변 모습은 일제강점기의 상징인 조선총독부 건물이 광화문을 점령하듯 내려다보고 있었고, 당시 광화문의 입구는 오늘날의 광화문 광장이 만들어지기 이전에 있었던 녹지축과 맞지 않았다. 조선왕조가 북한산에서부터 경복궁을 거쳐 광화문 광장의 녹지축이 곧게 연결되도록 도시계획을 했으나, 1968년에 우리의 힘으로 광화문을 복원하면서 조선왕조의 곧은 도시의 축을 고려하지 않고 의도적으로 비틀게 배치된 조선총독부 건물을 기준으로 잘못 복원하여 2006년부터 약 4년에 걸쳐 광화문을 재복원하였다.

이처럼 아픈 일제식민지 시대의 흔적이 깊게 남은 경복궁은 2030년까지 복원 계획이 있기 때문에 세계문화유산에 등재될 수 없었습니다. 반면에 1997년 세계문화유산에 등재된 창덕궁은 1592년 임진왜란과 특히,

1917년 대형 화재에 의해 많은 피해가 있었지만, 당시 일제는 경복궁의 많은 건물들과 재료들을 이전하여 창덕궁을 복원하였습니다. 이러한 이유로 오늘날 창덕궁은 조선시대의 궁궐문화를 유지할 수 있어서 세계문화유산에 등재될 수 있었습니다. 결국 경복궁의 희생으로 창덕궁은 그 가치를 보전할 수 있었습니다. 창덕궁의 남쪽에 있는 1483년 완공된 창경궁도 일제에 의해 많은 피해가 있었습니다. 일제는 창경궁을 왕실의 신성한 공간을 의미하는 '궁(宮)'을 공원을 뜻하는 '원(園)'으로 격하하여 각종 동물들과 식물을 배치하여 유람공간을 의미하는 창경원으로 용도를 변경하였습니다. 이처럼 너무 많은 훼손이 이루어져서 결국 창경궁도 세계문화유산에는 등재되지 못했습니다. 또한 창덕궁과 창경궁 그리고 종묘까지 살아있는 왕실과 선대 왕실 공간이 자연스럽게 연결되어 있었으나, 일제는 조선의 민족정신을 말살하기 위해 창경궁과 종묘 사이에 길을 내어 민족정기를 끊고자 했습니다. 일제에 의해 생긴 길은 현재 왕복 4차선인 율곡로로 사용 중이나 서울시는 종묘와 창경궁을 원래 모습처럼 복원하고자 현재 율곡로 길을 터널처럼 만들고 그 위를 녹지공간으로 덮어 창경궁과 종묘를 잇는 공사를 진행하고 있습니다.

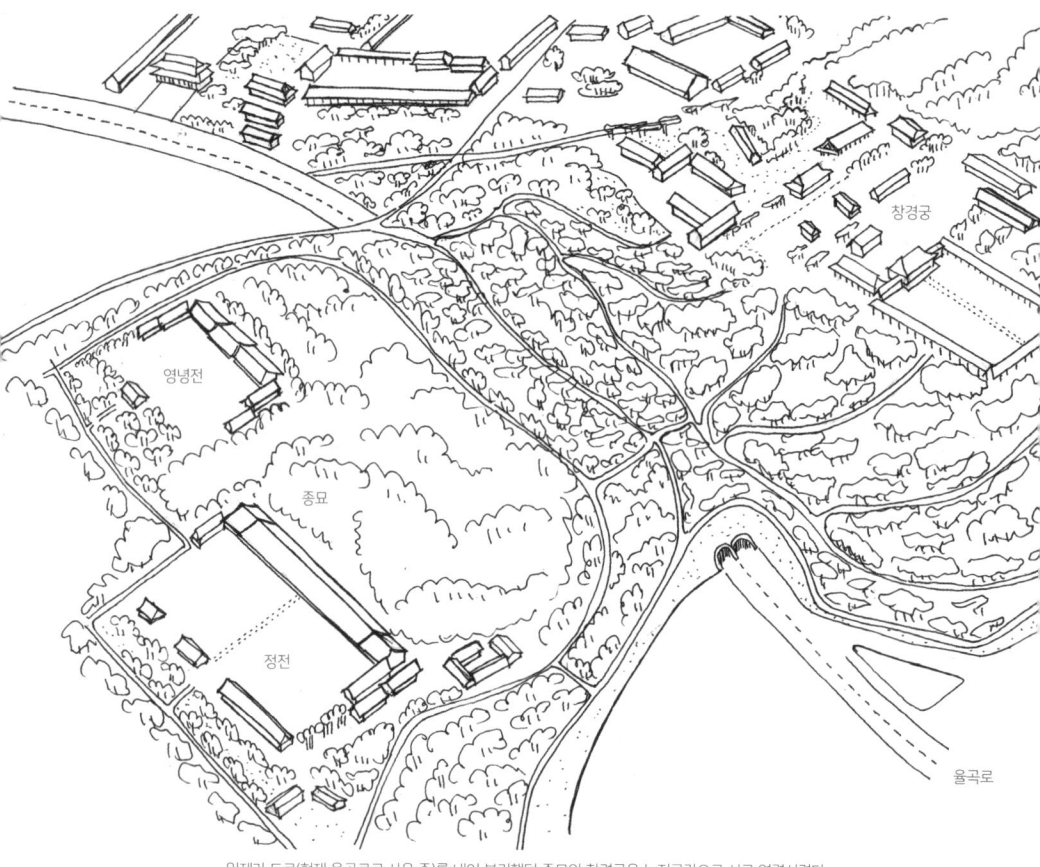

일제가 도로(현재 율곡로 사용 중)를 내어 분리했던 종묘와 창경궁을 녹지공간으로 서로 연결시켰다.

2.1 대한민국

하회와 양동마을 _ Hahoe and Yangdong Village

안동의 하회마을과 경주의 양동마을은 14세기-15세기에 조성된 조선시대를 대표하는 전통마을의 모습이 잘 보존된 가치를 인정받아 2010년 유네스코 세계문화유산에 등재되었습니다. 두 마을의 가장 큰 특징은 특정 양반의 성씨를 중심으로 만들어진 씨족 마을에 있습니다. 하회마을은 '풍산 류'씨 그리고 양동마을은 '월성 손'씨와 '여강이'씨의 집성촌입니다. 또한, 두 마을 모두 풍수지리학 측면에서 정확히 배산임수(背山臨水)에 맞게 마을 뒤쪽에는 산이 있고 마을 앞에는 강이 흐르고 있습니다.

하회(河回)마을의 '하회'의 의미는 '강이 마을을 휘감는다.'라는 의미로 마을의 서쪽에는 강에 떠있는 연꽃을 의미하는 부용대(芙蓉臺) 언덕 그리고 오른쪽 방향으로 산을 넘으면 오늘날 대학과 같은 교육시설인 병산서원이 위치하고 있다.

안동 하회마을의 대표적인 인물로는 조선 중기 제14대 선조 때의 걸출한 인물이었던 류성룡이 있습니다. 하회마을은 고려 초부터 허씨와 안씨가 마을을 개척하였으나, 고려 말에 류씨 가문이 이전하여 조선 중기부터는 류씨의 훌륭한 인물을 중심으로 마을을 석권하게 되었습니다. 이처럼 조선 중기부터 오늘날까지 하회마을이 잘 유지될 수 있었던 이유는 '류'씨 가문에서 훌륭한 인물이 배출되었고, '류'씨라는 단일 성씨 마을의 강력한 혈연적 유대감과 주변이 산지로 둘러싸인 지리적 고립성 그리고 넓은 토지 기반의 탄탄한 경제력을 들 수 있습니다.

하회마을의 서쪽에 위치한 부용대(芙蓉臺) 전경. 부용은 연꽃을 의미한다.

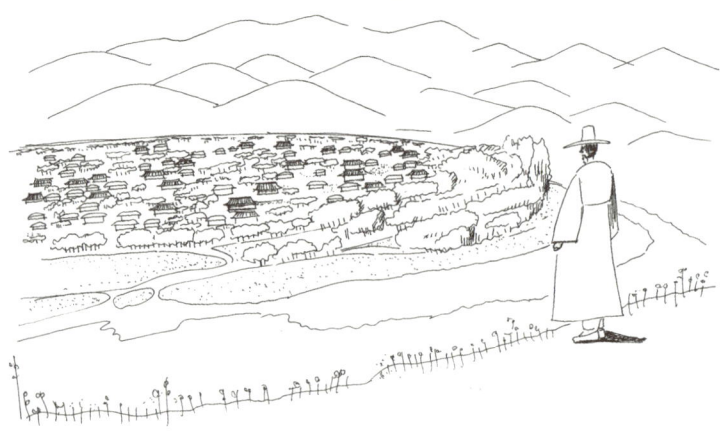

류성룡은 하회마을의 서쪽에 위치한 부용대(芙蓉臺) 언덕에서 자신의 마을인 하회마을을 내려다보는 것을 좋아했다.

류성룡
(1542-1607)

류씨 가문의 가장 중요한 인물인 류성룡은 그의 이름 앞에 서애(西厓)라는 호(號)를 붙입니다. 호(號)는 별명처럼 이름 이외의 자신을 표현하는 명칭으로써 류성룡의 서애(西厓)는 서쪽의 언덕을 뜻하는데, 이는 류성룡이 하회마을 서쪽에 위치한 부용대라는 언덕에서 자신의 마을인 하회마을을 내려다보는 것을 좋아해서 붙여졌습니다. 류성룡은 성리학의 대가 퇴계 이황(1501-1570)의 수제자로서 24세의 어린 나이에 벼슬길에 오릅니다. 그의 뛰어난 능력을 알아본 선조는 40세의 류성룡을 오늘날 대통령 비서실장에 해당하는 도승지에 임명하였고, 49세 때는 부총리에 해당하는 우의정 그리고 내무장관에 해당하는 이조판서를 겸직하게 됩니다. 1592년, 왜구에 의한 임진왜란이 발발했을 때는 국방부장관에 해당하는 병조판서와 국무총리급인 영의정에 올라 군사와 정치를 총 지휘합니다. 하지만 임진왜란 말기에는 그를 시기한 정적들의 집요한 시기심으로 류성룡은 모든 관직에서 물러나고 그의 고향인 하회마을로 낙향하게 됩니다. 그가 고향인 하회마을로 돌아와서 1592년부터 1598년까지 7년간 임진왜란 전쟁에 관하여 쓴 책이 오늘날 국보 132호로 지정된 징비록(懲毖錄)입니다. 이처럼 류성룡은 그의 탁월한 정치적 능력을 바탕으로 훌륭한 인물을 발탁하기도 했는데, 그가 바로 우리나라 역사상 가장 중요한 인물 중 한 명인 이순신 장군입니다. 류성룡은 그의 저서 징비록에도 이순신 장군을 아래와 같이 언급했는데, 어렸을 때부터 남달랐던 이순신의 호전성에 대한 묘사가 흥미롭습니다.

"이순신은 어린 시절, 영특하고 활달했다. 다른 아이들과 모여 놀 때면 나무를 깎아 화살을 만들어 전쟁놀이를

이순신
(1545-1598)

했다. 그의 성격을 거슬러 마음에 들지 않는 사람의 눈을 쏘려고 하였으므로, 어른들도 그를 꺼려 감히 군문(軍門) 앞을 지나려고 하지 않았다. 자라면서 활을 잘 쏘았으며 무과에 급제해 관직에 나아가려고 했다. 승마와 궁술에 능하고 글씨를 잘 썼다."

하회마을은 낙동강을 끼고 평지에 위치하고 있습니다. 서쪽의 언덕에서 하회마을을 보면 기와지붕의 양반집과 초가지붕의 노비의 집이 질서 없이 섞여 있는 모습을 볼 수 있는데, 이러한 마을의 모습은 류성룡의 사상적 이념이 반영된 결과입니다.

류성룡은 유년기시절 성리학의 대가 퇴계 이황의 수제자였던 만큼 성리학을 공부했습니다. 당시 조선시대는 엄격한 신분제도, 예의범절과 규범을 중요시 하는 성리학을 강력한 국가의 이념으로 삼았기에 다른 학문을 접할 수가 없었습니다. 이러한 사회적 분위기에서 17세라는 어린 나이의 류성룡은 성리학과는 반대되는 양명학이라는 학문을 조선인 최초로 중국으로부터 접하게 되었고, 그 학문에 심취하게 됩니다. 그가 17세 때 양명학이라는 학문을 처음 접하게 된 계기가 되었던 〈양명집〉이라는 책을 중국으로부터 우연히 발견한 지 35년 이후까지 간직했다는 사실에서 류성룡이 양명학에 매우 관심이 있었음을 알 수 있습니다. 양명학의 내용 중에 성리학과 배척되는 가장 중요한 점은 성리학의 근간인 엄격한 신분제도에 반대되는 만민 평등사상에 있습니다. 양반과 노비라는 엄격한 신분제도를 근간으로 하는 조선시대에서 만인이 평등함을 주장하는 양명학은 당시 조선 국가를 부정하는 것으로서 많은 비판을 받는 것은 당연하였습니다. 이러한 양명학에 심취되었던 류성룡은 그가 국가 고위직에 올랐을 때 조선시대의 엄격한 신분제도의 폐해와 그로 인한 소수 특권계층의 독점 문제를 해결하고자 다양하고 혁신적인 법과 제도를 마련합니다. 이러한 평등사상을 중요하게 여겼던 류성룡의 의지는 하회마을에도 반영되어 하회마을을 구성하는 기와집의 양반들과 초가집의 노비들이 서로 구분 없이 섞여 있는 현재의 모습을 갖추게 됩니다.

류성룡이 평등사상을 중요하게 여겼지만, 엄격한 조선의 신분제도는 류성룡이라는 한 인물이 바꿀 수 없는 강력한 사회제도였습니다. 어떤 일이든 강하게 억압되어 있으면 언젠가는 터지게 될 가능성이 높듯, 엄격한 신분제도도 사회적 문제를 일으킬 가능성을 늘 안고 있었습니다. 오늘날 하회마을에서 행해지는 하회별신굿탈놀이

하회마을은 평지에 위치하고 있으며, 기와집과 초가집이 서로 섞여 있다.

는 우리나라 중요무형문화재 제69호에 지정되어 있는데, 이 놀이는 서민계급들이 얼굴에 탈을 쓰고 지배계급을 풍자하는 일종의 스트레스 해소법입니다. 엄격한 신분사회 안에서 지배계층의 비판으로 일관되는 탈놀이가 하회라는 양반마을에서 지배계층인 양반의 묵인과 경제적 지원 속에서 행해졌다는 사실은 당시 사회적 분위기를 감안하면 매우 파격적이라 하겠습니다. 한편으로는 하회탈춤이 신분제의 모순을 지적하고 노비들의 화풀이를 위한 단순한 놀이라기 보다는 신분 계급 간의 모순과 갈등을 완충시켜 신분제도로 구축된 공동체의 체계를 더욱 강화시키려는 지능적인 양반 지배계급의 의도가 반영되었다고도 볼 수 있습니다. 하회탈춤이 매년 행해지는 것이 아니고 5년 또는 10년에 한 번에 행해졌다 하니, 자주 노비들이 양반들을 풍자했다가는 실제로 노비계층이 사회구조를 개혁하기 위한 시도를 할 것을 양반들이 우려해서 매우 가끔 탈춤놀이가 행해졌다고 예상해 볼 수 있습니다.

우리나라 전통가옥은 신분의 위치에 따라 기와집과 초가집으로 분류할 수 있습니다. 지붕재료로 기와를 사용한 기와집은 양반들이 살았고, 지붕에 초가를 사용한 초가집은 가랍집이라고도 하는데 양반들과 떨어져 살았던 외거노비들의 주거형태입니다. 조선시대 사회적

중요무형문화재 제69호 하회별신굿탈놀이

신분이 낮았던 노비들은 그만큼 경제적인 능력이 없었기에 가장 단순한 형태의 집을 짓고 살았는데, 이러한 형태를 '초가삼간(草家三間)'이라 합니다.

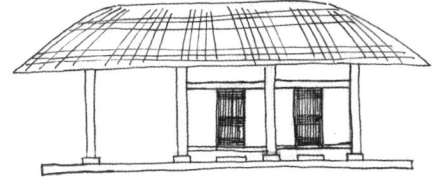 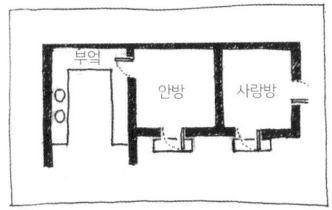

기둥과 기둥사이를 한 칸이라 한다.

초가삼간은 초가지붕 아래의 총 세 공간을 의미하며, 여성과 남성을 구분하기 위해 안방과 사랑방, 그리고 요리를 할 수 있는 부엌으로 구성된 최소한의 주거형태이다.

반면에 양반들이 사는 기와집은 지붕의 재료가 기와라는 것이 가장 큰 특징으로, 집을 구성하는 기둥과 기둥 사이의 칸이 초가집보다 많습니다. 하회마을의 대표적인 양반집인 보물 제306호에 지정된 양진당(養眞堂)이 있는데, 이 오래된 주택은 '류'씨의 대저택으로 15세기 초에 지어졌다고 추정되며, 류성룡의 아버지인 류중영의 호를 따서 입암(立巖)고택이라고도 불립니다.

조선의 양반주택의 공간 구성을 양진당(養眞堂)을 기준으로 보면, 우선 주택의 주 출입구 근처에 행랑채가 있습니다. 행랑채는 보통 대문을 중심으로 마구간, 하인들이 기거하는 방 그리고 창고 등으로 되어 있고 주택의 경계선을 따라 배치됩니다. 행랑채 근처에는 집안의 안주인인 여성들이 기거하는 안채가 있습니다. 집안 살림을 책임졌던 여성들의 공간이 집안의 기능을 담당하는 행랑채와 가까운 곳에 있는 것은 자연스러운 현상입니다. 그리고 사랑채는 집안의 가장 어른이신 남성이 지내면서 외

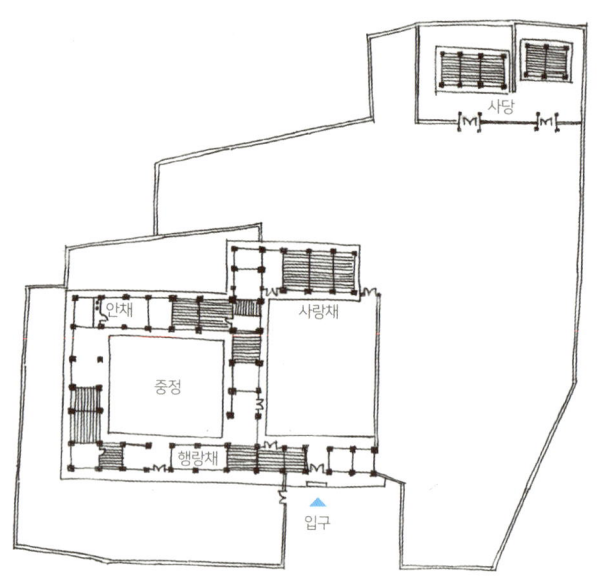

보물 제306호 풍산 '류'씨의 대종택인 양진당(養眞堂)은 살아있는 사람들의 공간과 돌아가신 조상들의 공간인 사당으로 나눠진다. 실제 거주하는 공간은 중앙에 있는 정원의 의미인 중정(中庭)을 중심으로 안채, 사랑채 그리고 행랑채로 구성되며, 거주하는 공간들의 위쪽에 있는 사당은 돌아가신 조상을 모시는 곳이다. 사당은 조선시대의 큰 업적을 남긴 집안에서만 볼 수 있다.

부 손님을 맞고 집안의 대소사를 관장하는 곳입니다. 특히 사랑채에는 사색을 즐겼던 양반들의 성격에 맞도록 넓은 대청마루가 있는 것이 특징입니다. 조선시대의 훌륭한 업적을 남긴 집안의 가장 안쪽에는 사당이 있는데, 조상들을 위하여 제사를 지내는 건축물로 사용되었습니다.

경주의 양동마을도 안동 하회마을과 함께 2010년 유네스코 세계문화유산에 등재되었습니다. 양동마을의 주소는 행정적으로 경주이지만 근처의 포항과도 매우 가깝습니다. 이처럼 양동마을에서 경주와 포항의 대도시까지 가까운 입지적 조건은 30분 내외로 출퇴근이 가능하고 한옥에서 사는 것이 비록 불편한 점이 많지만 자연 속의 전원주택과 같은 세계문화유산에서 살고자 하는 주민들의 양동마을 이주로 인해 1819년, 전체 231채 한옥 중에 실제 거주하는 가구 수는 90가구였으나, 2010년에는 전체 134채 한옥 중에 94가구로 거주자가 증가했습니다.[1]

1819년부터 2010년까지 약 200년 동안 물리적인 한옥의 숫자는 거의 절반가량으로 줄었으나, 실제 거주하는 가구 수는 다소 증가한 사실은 일반적으로 오래된 주거지의 주민들이 대도시로 빠져나가는 현상과는 매우 다른 양동마을만의 특징입니다.

양동마을은 포항과 경주에서 가까운 전원주택용도의 훌륭한 지리적 조건을 가지고 있다.

1) 2010 양동마을의 생활과 문화. 경주시 p41. 2011. 03

양동마을도 하회마을과 같은 씨족마을입니다. 하회마을이 '류'씨의 단일 씨족마을인 반면에, 양동마을은 '이'씨와 '손'씨의 마을로서 15세기 중반에 월성 손씨의 청년이 여강 이씨 집안으로 장가를 오면서 시작된 집성촌입니다. 하회마을이 잘 유지될 수 있었던 중요한 이유 중 하나가 류성룡이라는 조선시대의 훌륭한 인물 덕택이었듯, 양동마을에도 조선시대를 대표하는 중요한 인물들이 배출되었습니다. 조선시대 최고위직 벼슬을 거친 성리학의 대가였던 손중돈(1463-1529)과 이언적(1491-1553)이 두 성씨를 대표하는 훌륭한 인물들이었습니다. 마을의 주인이었던 손씨의 텃세 때문에 그동안 이씨 사람들은 매우 서러움을 겪었지만, 스타 이언적이 나타나면서 이씨 사람들의 기세가 높아졌습니다. 반면에 마을의 터줏대감 노릇을 했던 손씨들은 스타 이언적의 출현으로 자존심이 상하게 되었습니다. 이처럼 두 성씨들은 400년간 집성촌에서 동고동락하면서 서로 경쟁을 하였고, 이러한 두 가문 간의 경쟁의식은 과거급제자 수를 누가 더 많이 배출할까 하는 등의 긍정적인 효과를 가져왔습니다. 그리고 마을을 구성하는 건축물의 완성도에도 기여를 하게 됩니다. 흥미로운 사실은 모든 건축시설물들을 두 성씨가 각자 지었습니다. 이러한 이유로 양동마을에는 각자의 성을 대표하는 종가를 비롯하여 정자, 서당, 서원 등이 각각 한 쌍을 이루고 있습니다.

 양동마을은 평지에 배치된 안동의 하회마을과는 달리 건물들이 언덕에 배치되어 있습니다. 또한 하회마을을 구성하는 기와집과 초가집이 서로 섞여 있는 것과는 매우 다르게 양동마을의 기와집들은 가장 전망이 좋은 언

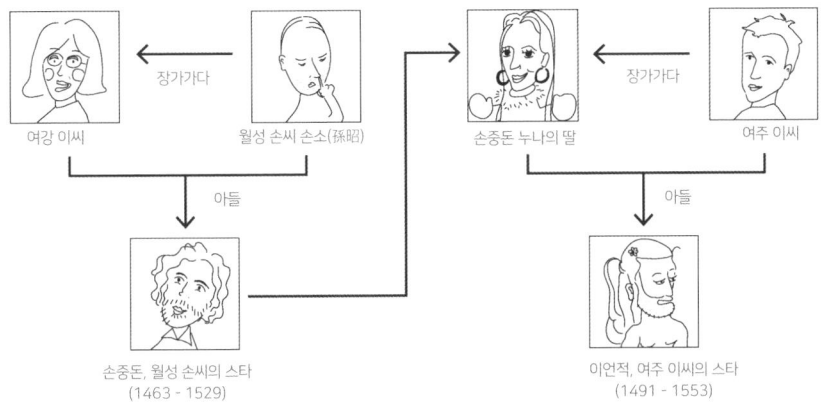

1458년 월성 손씨 손소(孫昭, 1433~1484)가 양동마을로 장가를 오고, 그 이후 세대인 손소의 외동딸(손중돈 누나의 딸)에게 여주 이씨가 장가를 오면서 양동마을은 손씨와 이씨 두 가문들의 씨족마을이 되었다.

덕의 위쪽에 있고, 기와집 밑으로 초가집들이 위치하고 있습니다. 이러한 주거 건축들의 분포형태는 조선시대의 양반과 하층민이라는 신분제도를 단적으로 보여주고 있습니다. 양반들이 살고 있는 고지대는 물건 이동과 같은 물리적인 어려움이 있지만, 이러한 불편함은 고지대 아래에 사는 많은 수의 하인들이 있었기에 해결될 수 있었습니다.

고지대는 양반들이 사는 기와집들이 그 아랫부분에는 많은 수의 노비들이 사는 초가집들이 배치된 양동마을은 조선시대의 엄격한 신분제도를 엿볼 수 있는 공간적 특징을 가지고 있다.

양동마을의 건축물들은 손씨와 이씨가 서로 경쟁하듯 서로 각자 지어서 중요한 건축물들은 서로 한 쌍을 이루고 있는데, 대표적인 양반 가옥으로는 손씨 가문의 스타 손중돈이 직접 지은 관가정(보물 제442호)과 이씨 가문의 스타 이언적이 자신의 동생 이언괄(李彦适, 1494-1553)을 위해 지은 향단(보물 제412호)이 있습니다.

손중돈이 직접 지은 관가정은 입구부분의 주거공간과 그 뒤쪽에 사당이 있습니다. 주거공간은 중정을 중심으로 사랑, 행랑 그리고 안채로 구성됩니다. 주거공간의 특징은 내부 공간과 거의 같은 비율로 외부 공간인 대청마루가 있어서 실제로 항상 사람이 사는 공간보다는 손씨 가문의 행사나 모임이 있을 때 주로 사용했던 공간으로 유추해 볼 수 있습니다.

건물의 평면을 보면 기둥과 기둥 사이가 규칙적으로 배치되어 건물의 전체적인 느낌이 단순하고 획일적입니다.

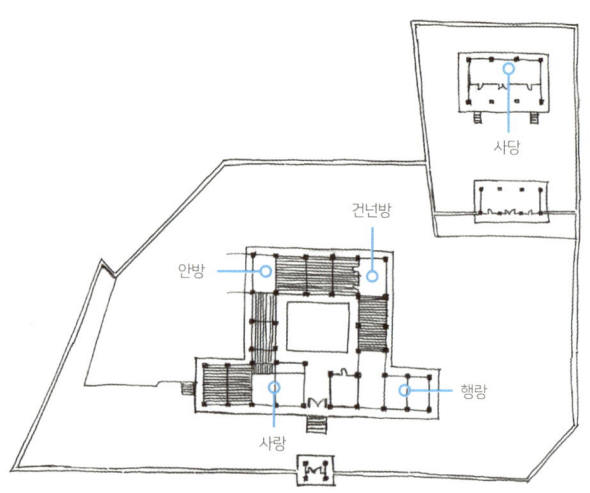

손중돈이 직접 지은 관가정은 다소 소박한 느낌이지만 강직하고 경건한 느낌을 가지고 있다.

손중돈이 관가정을 지었기에 당연히 그의 의지가 관가정 설계에 반영되었는데, 손중돈이 생각한 가문의 가장 중요한 건축물은 화려한 치장을 한 건축물이 아니라 다소 소박하더라도 강직하고 꼿꼿한 선비의 이미지를 가져야 했을 것입니다.

반면에 이언적이 지은 향단은 손중돈이 지은 관가정과는 매우 다른 형태를 보입니다. 향단 건축물도 다른 보통 양반집이 갖는 행랑, 안채 그리고 사랑채로 공간들이 구성되는 공통점이 있으나, 특히 관가정과 비교해 보면 기둥과 기둥 사이들이 다소 불규칙하고, 무엇보다도 내부 공간들과 대청마루들의 배치가 엇갈리게 계획되었습니다. 또한 관가정이 평지에 있는 반면에, 향단은 높이차가 나는 땅에 위치하고 있어서 낮은 부분에는 노비들의 공간인 행랑채가 있고, 높은 부분에는 양반들의 공간이 배치되어 있습니다. 이처럼 불규칙한 평면을 가진 향단은 마치 미로와 같은 공간으로 구성되어 있는 것이 특징입니다. 집의 입구에서 대문을 열면 멋진 풍경이나 건물이 보이는 것이 아닌 사람 높이의 차가운 벽을 보게 되고, 또

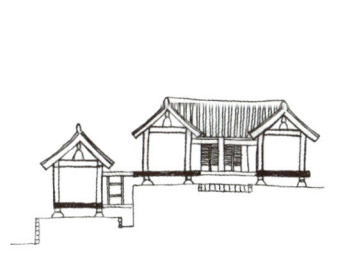

이언적이 결혼한 자신의 동생 이언괄에게 지어준 향단. 땅의 높이가 서로 다른 곳에 건물들이 위치하고 있고, 불규칙하게 내부 공간이 배치되어 기존의 주거 한옥들과는 다른 매우 개성적인 주거형태이다.

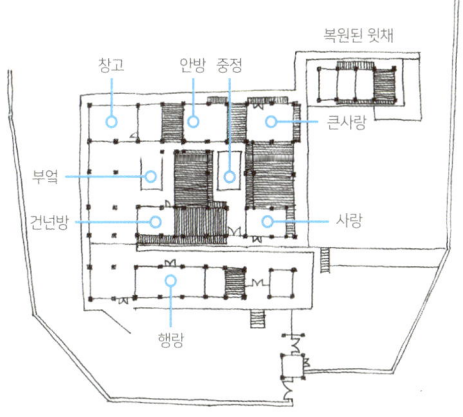

한 안방이나 건넌방에 접해있는 대청마루에서 외부 공간을 바라볼 때 높은 행랑채의 지붕 때문에 바깥 전경을 시원하게 보지 못하게 설계된 것은 매우 의문이 듭니다. 왜 이언적이 결혼한 동생을 위한 집을 이렇게 복잡하고 일반 주택과는 다르게 설계했는지는 아무도 알 수 없습니다. 다만 향단은 논리적이고 단순한 느낌의 관가정에 비해 매우 독특하고 개성이 넘치는 주택임에는 틀림없습니다.

이처럼 양동마을의 작은 공간에 손씨와 이씨가 각각 지은 두 한옥을 통해 손씨와 이씨의 서로 다른 성격을 볼 수 있다는 점이 매우 흥미롭습니다.

매우 독특한 내부 공간들

시계방향 순서
- 향단의 대문을 열면 바로 보이는 벽.
- 안방과 건넌방 앞의 마루에서 외부를 바라볼 때 행랑채 건물의 지붕 때문에 전방의 탁 트인 시야를 가질 수 없다.
- 대문에서 부엌과 안방으로 가기 위한 행랑채 뒤의 좁은 통로길.

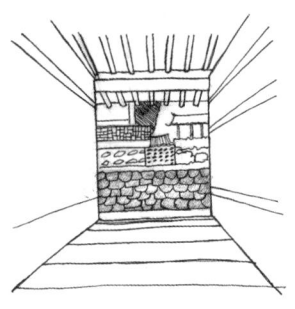

2.2 일본

군함도 _ The Battleship Island

일본의 남부에는 하시마(端島)라고 불리는 작은 섬이 있습니다. 이 작은 섬 아래에는 풍부한 석탄이 매장되어 있어서 1890년, 일본의 미쓰비시 기업은 하시마섬을 개발하기 시작합니다. 이후 하시마 섬은 1960년대까지 초호황 도시로 발전하였고, 1974년 탄광이 문을 닫을 때까지 인공도시의 역할을 하였습니다.

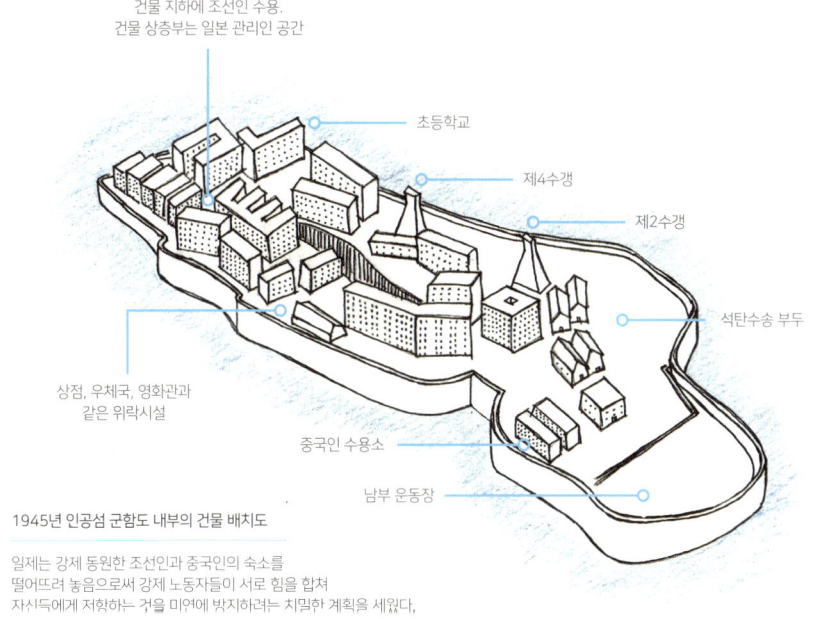

1945년 인공섬 군함도 내부의 건물 배치도

일제는 강제 동원한 조선인과 중국인의 숙소를
떨어뜨려 놓음으로써 강제 노동자들이 서로 힘을 합쳐
자신들에게 저항하는 것을 미연에 방지하려는 치밀한 계획을 세웠다.

하시마 섬의 크기는 남북 방향으로 480m, 동서 방향으로 160m, 둘레가 1.2km, 그리고 면적은 대략 야구장 두 개 정도가 들어갈 비교적 작은 크기의 섬입니다. 이러한 작은 섬에 많은 사람들이 살았는데, 1960년에는 하시마 섬의 인구밀도가 도쿄 인구밀도의 9배였다고 하니 엄청난 사람들이 섬 안에서 살았음을 알 수 있습니다. 이처럼 인공도시가 된 하시마 섬의 모습이 마치 군용 전함처럼 생겼다 하여 일명 '군함도(軍艦島)'라 불립니다.

군함도는 미쓰비시 회사가 소유하다가 2001년 일본 정부로 귀속되었고, 석탄 채광이 멈춘 이후 오랜 시간동안 폐허의 상태로 지속되었습니다. 2차세계대전의 석탄 전쟁물품을 공급하다가, 패전국인 일본과 운명을 함께한 인공섬인 군함도는 2012년에 미국 뉴스채널인 CNN이 선정한 전 세계 7군데의 가장 소름 돋는 곳에도 선정될 만큼 버려진 섬이었습니다.

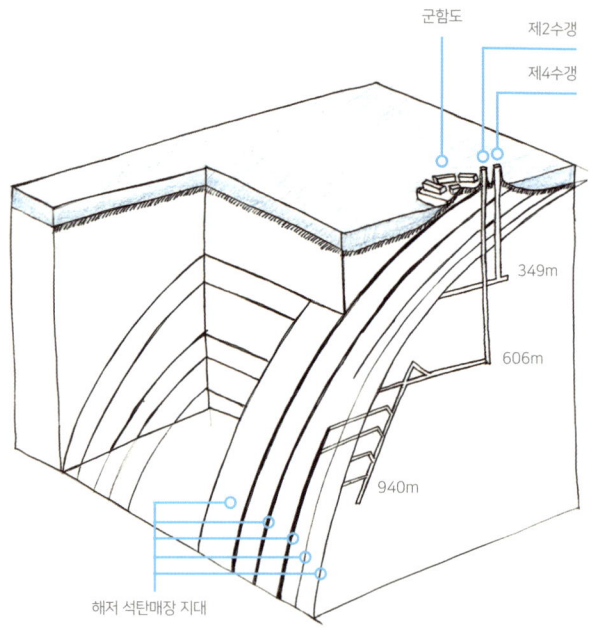

1960년 당시 군함도라 불리는 하시마 해저 탄광 석탄매장 지대

강제 징용된 조선의 젊은이들은 석탄 채굴을 위해 최대 940m 지하까지 장비 없이 내려가 극한의 상태에서 강제 노동을 착취당했다.

이처럼 버려지고 폐허가 된 군함도는 2015년 유네스코 세계문화유산에 등재되는 새로운 전환기를 맞게 됩니다. 전 세계적으로 보존가치가 있는 보물들을 세계문화유산에 지정하여 보존하고자 하는 것이 세계문화유산의 취지인데, 군함도와 같이 버려진 섬이 어떻게 세계적인 보존가치가 있는 보물인지 의문이 들기도 합니다.

세계문화유산에 지정되는 여러 기준들 중에서 어떤 유산이 특정기간 동안의 역사적 사건을 증명하고 전 세계적으로 현격한 기술의 발전도를 보여준다면 산업유산의 가치를 인정받아 세계문화유산으로 등재됩니다. 이러한 세계문화유산 등재 기준을 이용하여 2015년 일본은 '메이지 시대의 산업혁명유산'을 세계문화유산에 등재시킵니다. 메이지 시대는 오늘날 일본이 전 세계의 중요 선진국 반열에 오르고, 특히 경제대국이 되는데 중요한 경제발전의 토대가 된 시기입니다. 2015년 세계문화유산에 등재된 메이지 시대의 산업혁명유산은 그 대상이 하나가 아닌, 특히 일본의 규슈와 야마구치 지역에 산재된 유산들을 의미하고, 그중에 하나가 군함도입니다.

2015년에 일본은 메이지 시대의 여러 산업혁명유산들 중에 군함도를 포함시켰고, 우리나라와 중국은 군함도가 전 세계의 보물이 된다는 것에 강력히 반발하였습니다. 그 이유는 제2차세계대전 당시 일제의 강압에 의해 우리나라와 중국의 많은 청년들이 군함도로 끌려와 인간 이하의 대접을 받으며 노동력을 착취당했고 많은 인명피해도 있었기 때문입니다. 하지만 오래전부터 일본은 막강한 자금력으로 유네스코 본부에 강력한 영향력을 가지고 있었기에 자신들의 의지를 관철시키기 유리하였습니다.

2018년, 일본은 미국 다음으로 유네스코에 분담금을 가장 많이 내는 나라입니다(중국 3위, 우리나라 13위)[2]. 또한 군함도의 세계문화유산 등재에 관하여 우리나라와 중국의 반대를 무마시키고자 메이지 시대의 기간을 조정하는 치밀함까지 보입니다. 공식적으로 메이지 시대는 1868년부터 메이지 시대의 왕이 죽은 1912년까지를 일컫는데, 일본은 메이지 시대의 산업유산들을 세계문화유산에 등재시키면서 해당기간을 1850년대부터 1910년으로 임의로 지정시킵니다. 이는 1910년 8월부터 대한제국이 일제강점기에 돌입되는 역사적 사실을 감안하여 1910년 이후부터 군함도에서 자행된 일제식민지 기간 동안의 그들의 잔인성을 회피하기 위한 수단으로 보입니다.

이러한 일본의 군함도를 세계문화유산에 등재시키기 위한 집요함에 맞서 우리나라 정부는 그 부당함을 전 세계에 호소하였습니다. 하지만 국제사회에 대한 일본의 강한 영향력 때문에 우리나라는 일본과 협상을 해야만 했습니다. 협상 끝에 우리나라는 유네스코 일본대사가 공식 발언한 '일부 유산 시설들 중에 한국인과 타국인들이 강제로 끌려와서 노역했다(forced to work)'의 문구를 얻는 불충분한 성과와 함께, 결국 군함도는 세계문화유산에 등재됩니다. 하지만 그 다음날 일본 정부는 '강제노역(forced to work)'이라는 표현을 '일하게 되었다'라는 수동적인 의미로 해석하는 것이지, 강제노역은 없었다고 주장합니다. 또한 군함도에 관한 강제징용을 포함한 세계문화유산에 지정된 유산들의 전체 역사를 진실되

---

2) https://www.unesco.or.kr/unesco/unesco_budget/ 2018.07.15. 검색자료

게 알려야 한다는 유네스코의 권고사항도 2018년 현재 일본 정부는 지키지 않고 있습니다.

　군함도라는 명백한 물질적인 증거와 어린 시절 군함도에 강제로 징용되어 깊은 상처를 받고 살아가는 증인들이 있음에도 불구하고, 일본 정부는 그들의 역사적 잘못에 대한 피해 대상국가와 국민들에게 진심어린 사과를 하기는커녕, 군함도를 세계적인 보물이라고 자랑하고 있습니다. 만약 일본 정부의 진심어린 사과가 공식적으로 있었다면 군함도는 전쟁과 타인을 극악무도하게 지배하는 아픈 역사는 앞으로 결코 없어야 함을 표현하는 상징적이고 의미있는 세계유산으로 남을 수 있겠지만, 현재 일본 정부의 진실한 사과가 없는 군함도의 모습은 전

1979년 세계문화유산에 등재된 폴란드의 아우슈비츠 수용소(Auschwitz Birkenau)

오늘날 독일 정부는 2차세계대전 기간 동안 나치정권이 저지른 극악무도한 만행에 대해 진정으로 사과하며 세계문화유산 기록물에 그 사실을 명시하였다.

쟁의 아픈 기억만을 떠올리게 하는 흉물스러운 구조물에 불과함을 일본 정부는 알아야 할 것입니다.

이러한 군함도에 관하여 피해자였던 당시 우리나라의 강제 징용자들뿐만 아니라 전 세계에 진정한 사과가 없는 일본의 태도와 정반대로 비교되는 국가가 있습니다. 바로 독일입니다. 2차세계대전 기간 동안 독일의 나치정권은 폴란드에 아우슈비츠 수용소(Auschwitz Birkenau)를 만들어 150만 명의 유태인을 고문하고 살해했습니다. 당시 나치정권은 전 유럽에 걸쳐 6개의 강제 수용소를 두었는데, 아우슈비츠 수용소는 가장 악명 높은 장소였습니다. 이러한 대학살의 극악무도한 역사적인 참사를 다시 하지 말자라는 의도로 아우슈비츠 강제 수용소는 1979년에 세계문화유산에 등재됩니다. 1979년 이집트 아부심벨신전을 시작으로 세계문화유산의 역사가 시작된 같은 해에 아우슈비츠 강제 수용소가 세계문화유산에 등재된 사실은 그만큼 그 처참한 역사를 다시 되풀이 하지 말자는 중요한 의도가 반영되었을 것입니다. 이처럼 유대인을 비롯한 많은 사람들을 집단 학살했다는 독일의 나치의 역사를 현 독일 정부는 진심어린 사과를 하고 세계문화유산에 정확하게 기록하도록 했습니다. 현재 유네스코 공식 문서는 폴란드 세계문화유산들 중에 아우슈비츠 수용소(Auschwitz Birkenau)와 더불어 부제목으로 '독일 나치정권의 강제 수용소 및 집단 학살 수용소(1940-1945), German Nazi Concentration and Extermination Camp(1940-1945)'라 기록하고 있습니다. 이는 2차세계대전 기간을 정확하게 명시하고, 그 기간 동안에 독일 정권의 인간으로서 자행했던 극한의 잔혹함을 역사로 남기고 있습니다.

　자신들의 선대가 저지른 아픈 역사를 현재 후손들이 진심으로 사과한 독일인들과 그 사과를 받아들인 폴란드 정부를 비롯한 다른 유럽 국가들은 오늘날 진정한 좋은 관계를 유지하고 있습니다. 아우슈비츠 수용소가 세계문화유산에 등재되는 과정에서 본 유럽 국가들의 태도를 보면서 2018년, 28개 유럽 국가들이 유럽 연합(EU, European Union)을 구축하여 그 관계를 돈독하게 유지하고 있는 이유가 이해가 됩니다.

　1910년부터 일제강점기가 시작되어, 그 이후 기간부터 일제 자신들이 조선식민지 동안 자행한 역사를 숨기고자 군함도를 비롯한 일본 산업유산의 시기를 1910년까지 못 박는 일본 정부의 꼼수와 그 이후에 군함도와 관련하여 벌어지는 일련의 과정을 보면서 오늘날 독일과 일본은 전 세계의 강대국들이라 불리지만, 그 강대국들 사이에도 큰 차이점이 있음을 다시 한 번 깨닫게 됩니다.

2.2 일본

시라카와고(白川村), 고카야마(五箇山)의 역사마을 _ Historic Villages of Shirakawa-gō and Gokayama

일본의 중부, 기후 현 지방에 위치한 시라카와고 그리고 고카야마의 역사마을은 일본의 특정기간 동안에 걸친 독특한 주거양식을 보여주는 가치를 인정받아 1995년 유네스코 세계문화유산에 등재되었습니다. 시라카와고 라는 마을 명칭이 처음 문서에 나타난 것은 12세기 중반이며 고카야마의 마을 명칭은 16세기 초가 지나야 비로소 나타나게 됩니다. 두 마을의 117개의 가옥들과 7개의 부속 구조물들이 세계문화유산에 등재되었고, 본 건물들은 최소 200년 이상 오래되었습니다.

경사가 급한 뾰족한 지붕 모양이 특징인 시라카와고, 고카야마 마을의 전통주택.

마을을 형성하는 모든 건축물들은 동일하게 뾰족한 삼각형 형태의 지붕을 가지고 있는 것이 특징입니다. 마을의 지붕은 경사가 60도의 가파른 삼각형 모양을 가지고 있는데, 이 지붕의 모습을 보고 사람이 기도 할 때의 손 모양 같다고도 합니다. 하지만 건물의 지붕이 가파른 이유는 단순히 멋진 건물을 위한 장식이 아니라, 필요에 의해 생겨난 것입니다.

  시라카와고와 고카야마의 마을에는 겨울에 엄청난 눈이 오기로 유명합니다. 보통 사람의 키 높이보다도 더 눈이 올 정도로 눈이 많이 오는데, 이러한 눈이 지붕에 쌓이면 그 무게도 엄청납니다. 만약 우리 주변에서 흔히 볼 수 있는 평평한 형태의 지붕의 경우에는 자칫 무거운 눈 무게로 인해 집이 무너질 수도 있습니다. 이러한 위험을 대비하고자 시라카와고와 고카야마의 건물들은 눈이 지붕에 쌓이지 않고 쉽게 지붕 아래로 빠지도록 가파른 형태의 지붕을 가지고 있습니다. 또한 지붕의 모습은 주변

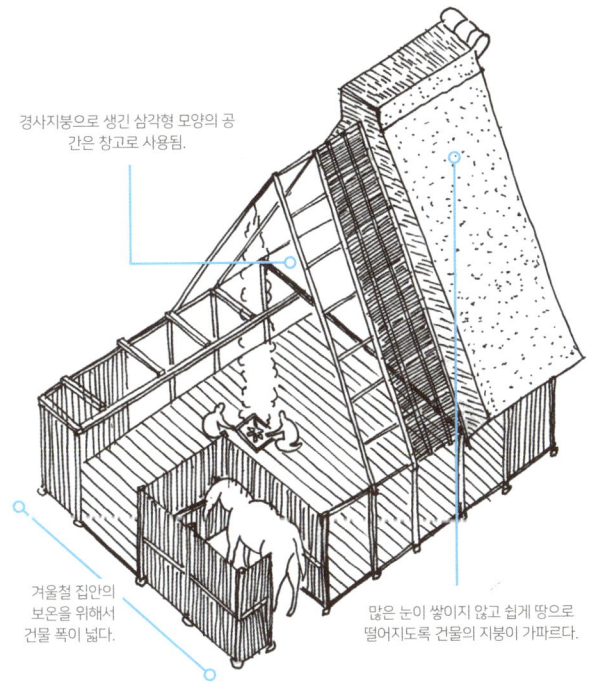

시라카와고, 고카야마 전통 주택의 내부 모습

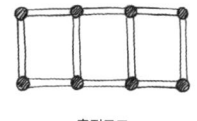

홑집구조

실들이 횡으로 한 열을 이루고 있는 집. 방의 후면에도 문이나 창을 낼 수 있어 환기성이 좋고 집이 개방적임. 특히 더운 남부지방에 주로 분포함.

겹집구조

실들이 상하로 2열을 이루고 있는 집. 홑집에 비해 채광과 환기성이 떨어지나 보온 측면에서는 우수하기에 추운 북부지방 및 산간지방에 분포함.

환경과도 연관이 있습니다. 두 마을은 산악지역에 있어서 벼농사가 발달하지 못하고, 이를 대체할 농업작물이 필요했습니다. 특히 누에를 이용한 비단생산을 하는 양잠업이 발달되었는데, 양잠업에는 많은 저장 공간이 필요했습니다. 가파른 형태의 지붕은 지붕 아래에 삼각형 모양의 큰 공간이 생기게 되며, 바로 이 공간에 여러 양잠물품들을 보관할 수 있었습니다.

한 지붕 아래에 대가족이 함께 살았습니다. 가족들은 1층에 살고 지붕 아래 공간은 창고로 사용되었습니다. 1층의 한 구석에는 마구간을 함께 두는 경우도 있습니다. 특히, 건물의 1층 공간은 추운 겨울을 지내기 위해 건물의 두께가 두꺼운 '겹집'형태가 특징입니다.

우리나라를 포함한 아시아의 전통건축물의 공간 형태는 크게 '홑집'과 '겹집'형태로 나눌 수 있습니다. 홑집은 집의 각 방들이 횡으로 한 열을 이루고 있는 평면 형태로써 건물의 폭이 얇습니다. 방의 전면과 후면에 문이나 창을 낼 수 있어서 폭이 얇은 건물 내·외로 공기순환이 원활하여 환기성이 좋고 집이 개방적입니다. 이러한 이유로 특히 더운 남부지방에 분포하는 집의 평면 형태입니다. 반면에, 겹집은 집의 각 방들이 상하로 2열을 이루고 있는 평면을 가진 집입니다. 건물의 폭이 두껍기에 홑집에 비해 채광과 환기성이 떨어지는 단점이 있으나 보온 측면에서는 우수하므로 추운 북부지방과 산간지방에 널리 쓰이는 평면 형태입니다. 이러한 이유로 시라카와고와 고카야마의 주택건물들은 추운 겨울에 대비하여 집의 폭이 두꺼운 겹집형태의 평면이며, 1층의 중앙부분에는 불을 피우는 화로를 배치하여 집안을 따뜻하게 했습니다. 화로의 역할이 보온을 위한 것 뿐만 아니라 화로에서 뿜어 나오는 연기 덕분에 지붕의 재료인 새끼 등에 대해 방충작용도 하여 지붕수명을 오랫동안 연장시킬 수 있었습니다. 지붕의 재료는 갈대 식물을 꼬아 만든 줄을 의미하는 새끼이며, 지붕의 두께는 보통 사람 키 높이 이상으로 두껍게 하여 집안의 단열과 보온에 강하도록 하였습니다.

2.3 중국

자금성(紫禁城) _Forbidden City

중국 북경에 있는 자금성은 1987년 세계문화유산에 등재되었습니다. 자금성이 세계의 보물로 지정된 이유는 500년 이상 지속된 명과 청나라 시대의 황궁으로서 단순한 건축물들이 모여 있는 공간이 아니라 마치 도시와 같이 궁궐 건축들과 황실 정원을 통하여 중국의 문명을 잘 보여주고 있기 때문입니다.

자금성은 중국의 수도 베이징의 중심에 있는 궁궐로써 그 규모는 전 세계의 최대 규모입니다. 자금성(紫禁城)이라는 이름은 '자줏빛'을 뜻하는 '자(紫)' 그리고 '금지'를 의미하는 '금(禁)'으로 구성되어 즉, 자줏빛 색의 금지된 성으로 해석할 수 있습니다. 왕권시대의 자금성은 철저하게 왕실들만의 궁궐이었고 일반인들은 감히 접근할 수 없는 공간이었습니다. 자금성은 1406년부터 건축물이 지어지기 시작하여 명과 청 왕조의 560년이라는 긴 세월 동안 15명의 명나라 황제와 9명의 청나라 황제가 머물렀던 곳입니다. 1911년 신해혁명을 계기로 중국은 청나라의 마지막 왕조시대를 마감하였고, 황제들만의 공간이었던 자금성은 혼란스러운 시기를 거치면서 1925년에 고궁 박물관으로 용도가 변경됩니다.

자금성은 중국이 중화인민공화국이라는 공산당이 지배하는 사회주의 국가의 성격과 중국인들에게 있어 자금성이 대국의 황실을 대표한다는 상징성으로 오랜 기간 동안 외부와 교류가 없었습니다. 이러한 폐쇄적 성격인 자금성이 국제적으로 널리 알려진 계기는 1987년에

영화 '마지막 황제'의 포스터

자금성을 배경으로 최초로 다루고 자금성의 마지막 황제인 '푸이'의 삶을 다룬 영화로 1988년 제60회 아카데미 영화제에서 9개부문의 상을 석권하였다.

개봉된 '마지막 황제'라는 영화를 통해서였고, 이 영화는 1988년, 제60회 아카데미 영화제에서 서양권이 아닌 아시아권의 주제로 작품상을 포함한 9개 부문을 수상하여 전 세계적으로 유명세를 탔습니다. 영화의 주제는 자금성의 마지막 왕인 '푸이(溥儀)'라는 인물의 인생사를 다루고 있습니다. 그는 자금성에 3살의 어린 나이에 황제로 입성하지만, 신해혁명으로 1921년에 황제의 지위를 박탈당하고, 1924년에는 자금성에서 출궁을 당합니다. 그 이후 푸이는 러·일전쟁의 혼란기 속에서 양 강대국의 힘에 이용당하다가 그의 마지막 일생은 중국과학원 베이징식물원 정원사로 1967년에 쓸쓸하게 생을 마감합니다. 이처럼 대국인 중국의 황제에서 말년에는 정원사라는 극과 극의 삶을 살았던 푸이의 드라마틱한 삶은 영화로 만들어지기에 충분했습니다.

자금성은 그 크기가 남북 방향으로 약 960m, 동서 방향으로 760m이며, 그 거대한 사각형 안에 다양한 건축물들과 조경공간들이 분포되어 있습니다. 거대한 사각형을 사방으로 둘러싸고 있는 '해자(垓字)'라고 불리는 50m 폭의 인공호수는 특히 성곽건축물에 적용되며, 외부로부터 적들이 궁궐 내부로 접근하는 것을 막고자 하려는 방어시설입니다.

오늘날 우리가 사는 도시도 계획에 의해 형성되었듯 엄청난 규모의 자금성도 규칙에 의한 공간계획이 이루어졌습니다. 자금성 남쪽 외부의 야외공간은 제사의식과 하늘과 땅에 기원하는 의식의 공간으로 신성시되었습니다. 자금성 내부 공간은 규범적인 직사각형의 격자 패턴을 기본으로 자금성 내의 가장 중요한 건축물들은 남북

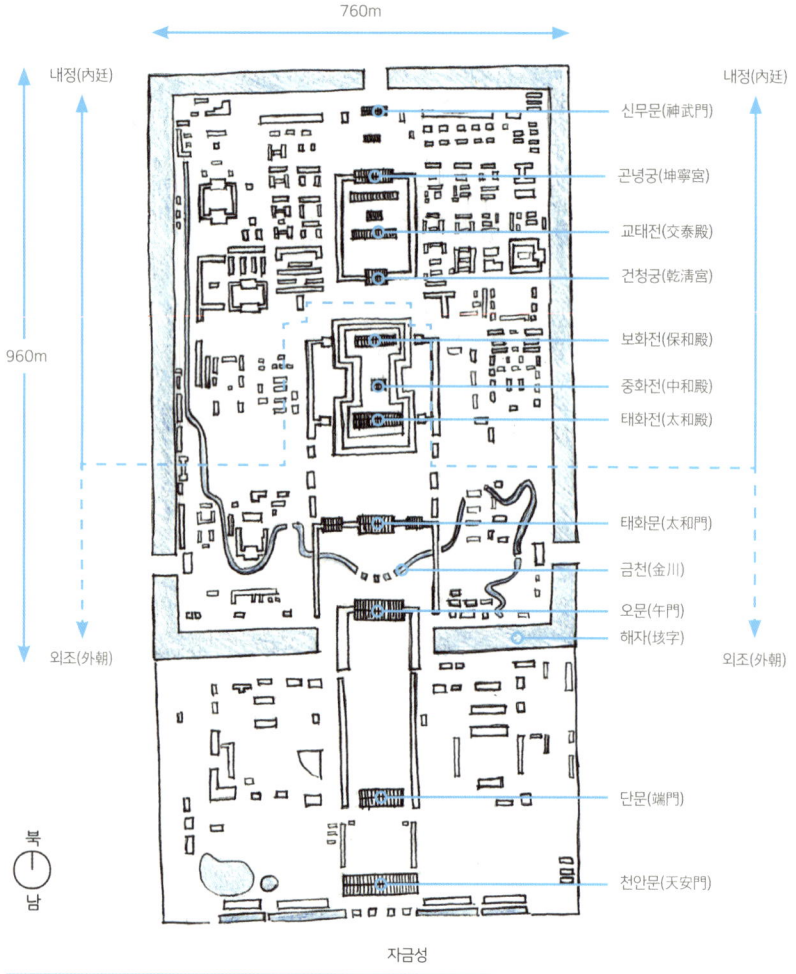

크기는 남북 방향으로 960m, 동서 방향으로 760m이며, 이는 축구장 100개가 들어갈 수 있는 대공간으로 800채의 건축물들을 수용함. 자금성 외부를 둘러싸고 있는 인공호수 '해자(垓字)'는 외부의 적들이 자금성 내부로의 접근을 막고자 하는 방어시설이다.

의 중심 축 위에 배치되어 있습니다.

자금성의 공간은 크게 외조(外朝)와 내정(內廷)으로 나뉘며, 외조는 자금성의 외부 공간과 가까운 남쪽에 위치하며 국가적인 행사와 의식이 행해졌던 공간을 말합니다. 반면에 내정은 황제가 정무를 보거나 황후나 궁녀들이 일상생활을 보냈던 공간입니다. 내정은 외조보다는 사생활 공간의 성격이 강하기 때문에 외조 위쪽인 자금성의 북쪽에 위치하고 있습니다.

자금성의 중앙 중심 축에 위치하고 있는 자금성의 중요 건축물들의 성격을 살펴보면, 우선 자금성 남쪽의 외부 공간에 천안문(天安門)과 단문(端門)이 있습니다. 천안문(天安門)은 자금성을 진입하기 위한 첫 관문으로서 국가의 법령이 공포되는 곳이었습니다. 오늘날 여러 정보를 제공하기 위해 대형 종이문서를 벽 위에 붙이는 것을 '대자보(大字報)'라 하는데, 이 대자보는 천안문의 거대한 벽 위에 인민들을 위한 정보를 제공하기 위해 대형 종이문서를 붙였던 것에서 유래했습니다.

천안문을 지나면 천안문과 자금성의 정문인 오문(午門) 사이에 단문(端門)이 위치하고 있습니다. 단문은 그 외형이 천안문과 똑같은 것이 특징이며, 단문의 앞 공간은 자금성에 들어가기 전의 대기하는 장소로 사용되었습니다.

천안문과 단문을 지나면 드디어 자금성의 정문인 오문(午門)이 나옵니다. 오문(午門)은 자금성의 남문이며 높이가 38m, 벽의 두께는 36m의 'ㄷ'자형 건축으로 세계 최대의 성문입니다. 오문 앞의 광장은 전쟁터로 나가기 전날이나 전쟁 이후 돌아온 병사들이 황제가 주재하는 열병식에 참여하는 공간으로 사용되었습니다. 오문을 지나면 태화문(太和門)이 있습니다. 태화문(太和門)은 황제가 참석하는 성대한 의식을 거행하던 외조(外朝)의 정문입니다. 오문과 태화문 사이에는 'S'자형으로 굽이 흐르는 금천(金川)이라 불리는 인공적으로 만든 물길이 있습니다. 이 인공의 물길은 유교문화권에서 나타나는 전통적인 궁궐 양식으로서 이 금수(金水)를 건너면서 몸과 마음을 정화한다는 의미와 금천을 경계로 황제가 사는 영역과 일반인들이 사는 영역을 분리하는 의미도 포함합니다. 유교문화권이었던 우리나라 조선시대의 궁궐인 경복궁에도 흥례문과 근정문 사이에 직선형태의 금천이 흐르고 있습니다.

국가적인 행사와 의식이 행해졌던 공간인 외조 공간의 정문인 태화문을 지나면 자금성의 중요한 행사가 행해졌던 태화전(太和殿)이 있습니다. 태화전(太和殿) 건축물은 계단 형태의 3층으로 이루어진 기초부분 위에 위치하며, 건물 중심 축을 기준으로 기초부분을 포함한 건축물이 정확하게 좌우 대칭을 이루고 있습니다. 태화전은 현존하는 중국의 최대 목조 건축물로, 태화전 앞에 위치한 광장은 황제의 결혼식이나 왕이 주최하는 대형 행사처럼 나라의 큰 의식이 거행되던 자금성에서 가장 중요한 공간이었습니다. 태화전의 커다란 지붕이 건물 기둥으로 이루어진 기초구조 위에 육중하게 떠 있는 것처럼 보이나, 주변 환경을 고려한 전체적인 경관의 느낌은 수직성보다 수평성이 더 강조됩니다.

태화전은 현존하는 중국의 최대 목조건축물로서 자금성 내부의 여러 건축물들 중에서도 가장 중요한 국가 행사들이 거행된 중요한 공간이었다.

태화전을 지나면 중화전(中和殿)이 나오는데, 황제는 이 공간에서 태화전에서 시행될 행사 이전에 신하들로부터 축사를 받으며 휴식을 취했습니다. 중화전 건축물은 자금성에 있는 모든 건축물들 중에 유일하게 가로와 세로가 16m로 동일한 정방형의 평면 형태를 가진 것이 특징입니다.

중화전을 지나면 외조의 마지막 건축물인 보화전(保和殿)이 있습니다. 보화전은 국가 행사가 태화전에서 행해지기 직전에 황제가 옷을 갈아입는 곳으로 사용되었습니다. 또한 이 건축물 안에서 관리채용시험이 실시되기도 했습니다.

보화전을 마지막으로 국가의 공식행사와 관련된 자금성의 외조(外朝)가 끝나고 왕실의 사적 공간과 관련되는 내정(內廷)이 시작됩니다. 내정은 건청궁(乾淸宮)으로부터 시작됩니다. 건청궁은 내정의 중심적인 건축물로서 역대 황제의 침실 공간과 다른 나라의 사신들이나 왕족을 맞이하는 접견실 그리고 장례식을 치르기 전까지 군주의 시신을 모셨던 공간입니다.

건청궁 다음에는 교태전(交泰殿)이 있습니다. 교태전에서는 왕후를 간택하는 의식과 왕후의 생일 등의 행사가 행해졌습니다.

교태전 다음으로 곤녕궁(坤寧宮)이 있습니다. 곤녕궁은 역대 황제의 황후가 거주하는 건물로서 황제부부의 신혼방도 존재합니다.

곤녕궁을 지나면 황제의 개인적 공간인 내정을 마무리하는 자금성 북쪽에 위치한 신무문(神武門)을 만나게 됩니다. 신무문은 자금성의 북쪽에 위치한 후문입니다.

지금까지 자금성의 중심 축을 따라 중요한 건물들만 설명했습니다. 하지만 자금성은 남북 방향으로 960m, 동서 방향으로 760m로, 축구장이 100개가 들어갈 만큼 넓은 공간에 건물들이 약 800채가 있습니다. 마치 도시와 같은 엄청난 스케일의 자금성은 아시아를 넘어 전 세계의 패권을 장악하려는 중국의 의지를 상징하며, 항상 중국인들의 자부심으로 남아 있습니다.

2.3 중국

푸젠 토루(福建土楼) _ Fujian Tulou

중국 남쪽에 위치한 푸젠 성(福建 省)에는 '토루(土楼)'라 불리는 3,000여 개의 크고 작은 중국의 전통 집합 주택들이 있고, 그중에서 46채가 2008년 세계문화유산에 등재되었습니다. 토루는 우리나라 아파트처럼 여러 세대들이 함께 사는 집합주택과 같은 형태로 하나의 토루 안에 최대 800명까지 살며, 우리나라의 세계문화유산인 하회·양동마을처럼 같은 성씨들이 토루 건축물에 함께 사는 집성촌입니다. 토루는 중국의 5대 민가 건축양식 중에 하나로 769년부터 하나 둘씩 생겨나기 시작해서 푸젠 지역 전체에 우후죽순처럼 들어섰습니다. 이처럼 푸젠 토루는 오랜 기간을 거쳐 현재까지도 사람들이 살고 있는 중국의 전통 주거양식으로서, 세계 다른 나라에서는 존재하지 않는 푸젠 지역만의 독특한 주거문화를 간직하고 있기에 세계문화유산에 등재되었습니다.

토루 건축물들은 원형이나 네모모양의 건물 형태로 황토색의 단단한 외벽을 가지고 있는 것이 특징입니다. 특히 하늘에서 토루들을 바라보면 넓은 자연 속에 다수의 명확한 원형과 네모형태가 넓게 분포되어 있는데, 1900년대 중반 냉전시대에는 미국이 위성으로 중국을 관찰하다가 이러한 토루들의 동그랗고 네모난 지붕들을 우연히 발견하고는 중국이 자신들 몰래 새로운 무기를 만드는 것이 아닌가 하고 크게 놀랐다는 후일담도 전해집니다.

토루를 처음 보면 이 건축물이 과연 여러 사람들이 사

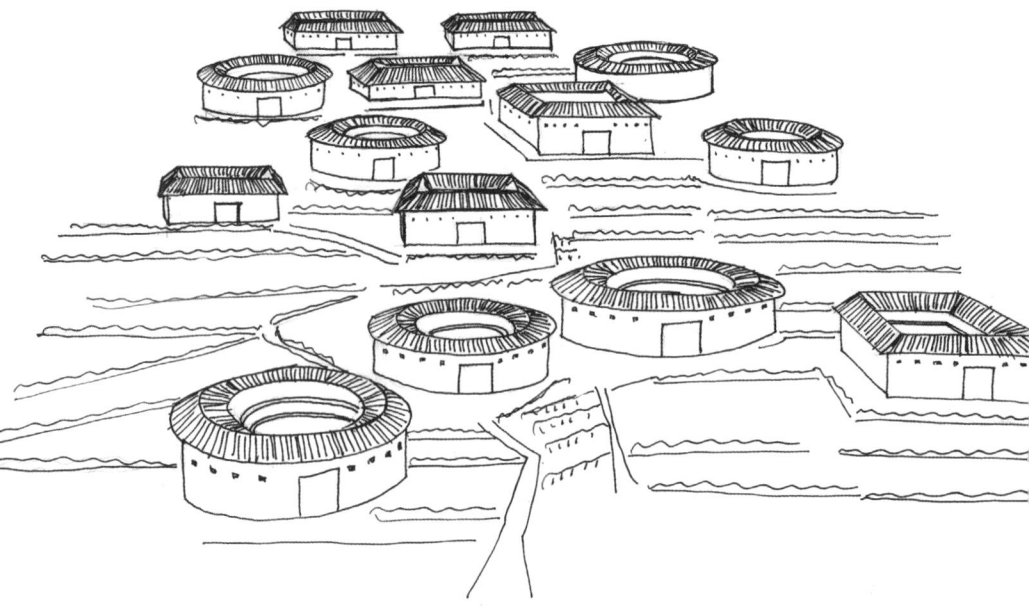

푸젠 토루는 중국 남쪽에 위치한 푸젠 성(福建省)에 같은 성씨들이 토루(土樓)라는 단일 건물에 모여 살기 시작하면서 만들어진 대규모 집성촌. 한 건물 안에 800여 명까지 수용할 수는 토루는 오늘날 아파트와 같은 집합주택의 기원이라는 점에서 큰 건축학적 가치를 지닌다.

는 주거 건축물인가 하는 의문이 듭니다. 왜냐하면 일반적으로 사람들이 사는 건물에는 건물 안으로 많은 햇빛을 끌어들이고, 건물 내부에서 밖을 보도록 창문이 많이 있기 마련입니다. 하지만 토루 건축물의 외부에는 창이 거의 없고 단단하고 두꺼운 흙벽이 건물을 둘러싸고 있습니다. 처음 토루를 보는 사람은 마치 감옥을 보는 것과 같은 느낌이 들 정도입니다. 이처럼 토루의 외부가 단단한 벽으로 둘러 쌓여있어 주거건축임에도 불구하고 감옥 건물처럼 보이는 이유는 토루가 방어의 목적으로 계획되었기 때문입니다. 토루 안에 살고 있는 사람들이 외부의 적들의 공격으로 안전하기 위해서 우선 단단하고 튼튼한 건물 외벽이 필요했고, 토루 안으로 들어가는 정문도 한 개 그리고 창문들도 1층 이상부터 배치하여 토루 안으로의 접근성을 최대한 차단했습니다. 이처럼 철벽방어 형태의 토루 안에는 최대 800여 명이 살기도 하는데, 하나의 건물 안에 많은 사람들을 수용하기 위해서 토루 건물 내부에 또 다른 주택 건물들이 지어졌습니다. 4층 형태의 집합 주택이 건물 외부를 둘러싸고 그 내부에는 건물 층수가 낮은 주택들이 안쪽으로 차례대로 배치됩니다. 외부에 접한 4층 형태의 집합주택은 방어를 위해 바깥쪽에는 창이 거의 없지만 토루 내부 안쪽과 접한 부분은 매우 개방적으로 계획되어 환기와 채광이 원활합니다. 또한 토루 내부 건축물들의 건물 높이가 낮기 때문에 건물 1층에도 충분한 빛이 전달됩니다. 또한 토루 내부의 건물들 사이에는 정원도 있어서 굳이 토루 밖으로 나가지 않더라도 다양한 화초들뿐만 아니라 식용 식물들도 재배할 수 있었습니다.

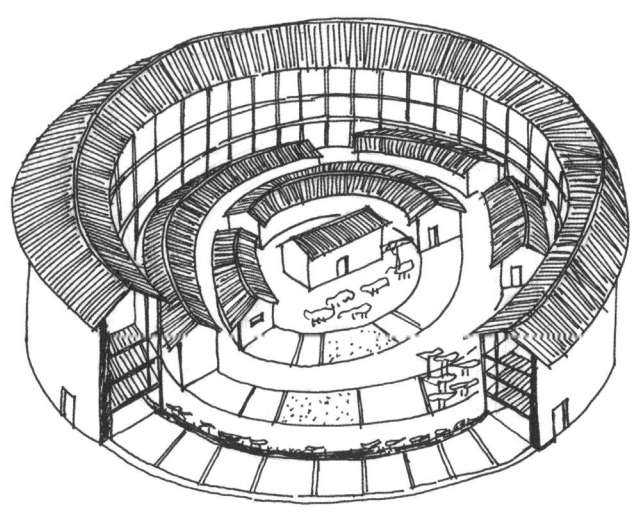

외부에서 적들이 건물 안으로 들어오지 못하도록 건축물 외부는 단단한 벽으로 둘러쌓고, 많은 사람들을 수용하기 위해 건물 안에 여러 주택들이 들어서 있다.

토루는 천년 이상 전에 지어진 오래된 건축물이지만 오늘날 대부분 집합주택에 살고 있는 우리들에게 시사하는 바가 매우 큽니다. 오늘날 우리나라의 아파트로 대표되는 집합주택의 가장 큰 문제는 1층부터 최상층까지 모든 주거 크기가 동일한 점입니다. 이러한 동일한 주거를 가진 집합주택들에는 경제적으로나 가족 구성원들의 수가 비슷한 동일계층의 사람들이 주로 살게 됩니다. 이상적인 도시라 하면 도시를 구성하는 여러 다양한 구성원들이 함께 모여 살며 교류할 수 있어야 하고, 이를 가능하게 하는 것 중에 하나가 주거문화입니다. 하지만 우리나라의 주거문화는 아파트로 대표되는 동일한 주거공간으로 인해 특정계층들만이 함께 살게 되고 특히, 많은 수의 집합주택들이 모여 있는 '단지'라는 마을 형태는 주변 도시와의 교류를 더 차단하게 만들고 있습니다. 이처럼 우리나라 집합주거 문화의 문제점에 비추어 볼 때 중국의 푸젠 토루는 현대 집합주거 계획에 좋은 참고자료가 될 만합니다. 원형과 사각형 모양의 규정적인 외형을 가진 토루 건축물이지만 많은 세대들이 살고 있는 내부 건축공간은 매우 다양한 형태를 가지고 있습니다. 이러한 토루가 가진 공간의 다양성을 현대 집합주거 계획에 적용해 본다면, 가족 구성원의 수가 적거나 경제적으로 풍족하지 못한 사람들은 작은 크기의 주거공간에 살 수 있고, 반면에 경제적으로 여유가 있거나 대가족의 세대의 경우는 대형크기의 주거공간을 선택할 수 있습니다. 이러한 주거 공간의 다양성은 오늘날 심각한 사회 문제인 저 출산 문제와 핵가족화 현상에 대응할 수 있는 새로운 주거 문화의 탄생과 천편일률적인 우리나라의 아파트 주거문화를 한 단계 발전시키는데 도움이 될 수 있는 좋은 사례라 하겠습니다.

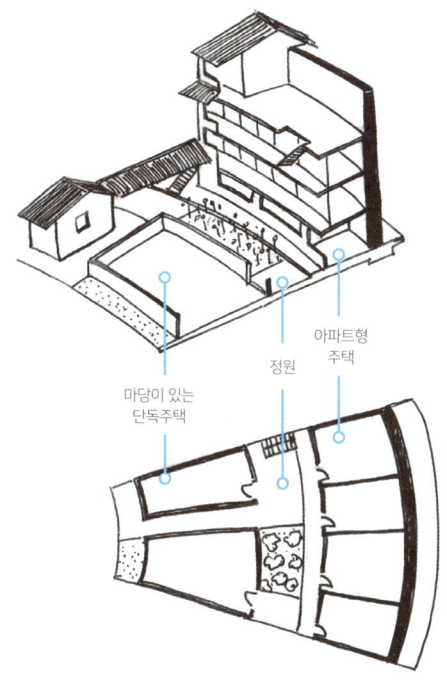

토루 건축물이 오늘날 아파트에 시사하는 점

한 건물 안에 다양한 형태의 주거 공간이 있는 토루는 오늘날 아파트로 대표되는 우리나라의 천편일률적인 주거문화에 시사하는 바가 크다.

2.4 인도

타지마할 _ Taj Mahal

타지마할은 인도의 수도 뉴델리에서 남쪽으로 약 100km 떨어진 16세기 인도 무굴제국의 수도였던 아그라(Agra) 주에 위치하고 있습니다. 타지마할(Taj Mahal)의 단어는 '타지(Taj)'는 '왕관' 그리고 '마할(Mahal)'은 '궁전'의 두 이슬람어가 결합된 것으로, '타지마할(Taj Mahal)' 즉, '왕관을 쓰고 있는 궁전'을 의미합니다. 아마도 타지마할 건축물을 상징하는 동그란 돔 형태의 지붕이 왕권시대를 상징하는 왕관처럼 보였기 때문일 것입니다.

타지마할

인도 무굴제국의 황제 '샤 자한(Shah Jahan)'과 그 부인 '뭄타즈 마할(Mumtaz Mahal)'의 무덤이 안치되어 있는 건축물이다. 타지마할의 '타지(Taj)'는 이슬람어의 '왕관'을 '마할(Mahal)'은 '궁전'을 의미한다.

타지마할은 그 건축물의 엄청난 규모뿐만 아니라 17세기 인도의 건축 양식과 발전된 건축기술을 대표하는 가치를 인정받아 1983년 유네스코 세계문화유산에 등재되었습니다. 17세기 중반 인도 무굴제국에 의해 지어진 타지마할은 흰색 대리석만을 건축 재료로 사용하였고, 페르시아, 터키, 인도 및 이슬람 건축 양식을 잘 조합한 엄청난 규모의 건축물이며, 타지마할뿐만 아니라 타지마할 주변의 정원 및 부속 건축물들도 세계문화유산의 가치를 가지고 있습니다.

타지마할 건축물의 기본 용도는 죽은 사람의 무덤을 보관하고 그의 영혼을 달래기 위함이지만, 타지마할은 그 용도와 더불어 한마디로 '세계에서 가장 큰 사랑의 기념탑'이라 할 수 있습니다. 그 이유는 죽음으로 끝난 슬픈 사랑으로 인해 타지마할이 지어졌기 때문입니다.

1628년 인도 무굴제국의 새로운 황제로 샤 자한(Shah Jahan)이 왕좌에 오르고 그는 아름다운 아내 뭄타즈 마할(Mumtaz Mahal)과 결혼을 합니다. 황제는 그 아내를 매우 사랑했는데, 그 사랑했던 뭄타즈 마할은 14번째 아이를 낳다 안타깝게도 사망하게 됩니다. 18년 동안의 결혼생활을 죽음으로 마감하게 된 황제는 그의 사랑하는 아내를 잃은 슬픔 속에서 그녀를 위한 기념비를 세우기로 결심하고, 마침내 타지마할을 완공합니다.

타지마할 건축물이 1631년부터 1653년 동안 20년 이상의 오랜 기간에 걸쳐 지어진 사실만으로도 황제가 얼마나 그의 아내를 사랑했음을 알 수 있고, 아내의 죽음으로 마감한 18년 기간의 결혼생활 동안 부부의 애틋한 사랑이 그토록 변함없었다는 것과 아내의 죽음이 자신의 자식을 낳다가 발생한 것도 한편의 슬픈 영화 줄거리라 해도 될 듯합니다.

　죽은 아내를 애틋하게 사랑한 황제 덕분에 오늘날 우리는 세계에서 가장 아름다운 건축물을 볼 기회가 생겼으나, 당시에 22년 동안 타지마할 건설을 위해서 약 2만여 명의 노예가 동원되었던 엄청난 대규모 공사로 인해 국고가 바닥나는 지경에 이릅니다. 이처럼 황제는 타지마할 건설을 위해 나라의 운영을 등한시하여 결국, 그의 셋째 아들에게 권력을 빼앗긴 이후 8년 동안 타지마할 근처의 작은 성에 갇혀 생을 마감하게 됩니다. 말년에 비참한 삶을 보낸 황제는 그가 죽은 이후 그토록 자신이 사랑했던 부인인 뭄타즈 마할이 있는 타지마할에 함께 안치되었습니다.

　타지마할은 보통 대형 돔이 상징이고 모든 건축물 외부가 흰 대리석으로 둘러싸여진 묘지 건축물이 가장 널리 알려져 있지만, 실제로는 약 가로 300m, 세로 580m의 긴 직사각형 모양을 가진 땅 위에 여러 건축물들과 정원으로 구성되어 있습니다.

　가장 남쪽부분에는 타지마할의 정문인 남문이 있고, 남문을 지나면 가로와 세로가 300m의 정사각형 모양의 정원이 나옵니다. 정원을 지나 가장 북쪽에는 우리가 잘 알고 있는 무덤건물인 흰색 돔 지붕의 건축물을 비롯하여 이슬람 사원인 '모스크(Mosque)' 건축물이 있습니다.

　타지마할의 가장 아름다운 건축물인 무덤건축은 건물 높이가 약 57m 이며, 가로와 세로가 모두 100m 그리고 높이 7m의 기단부의 중심에 위치하고 있습니다. 보통

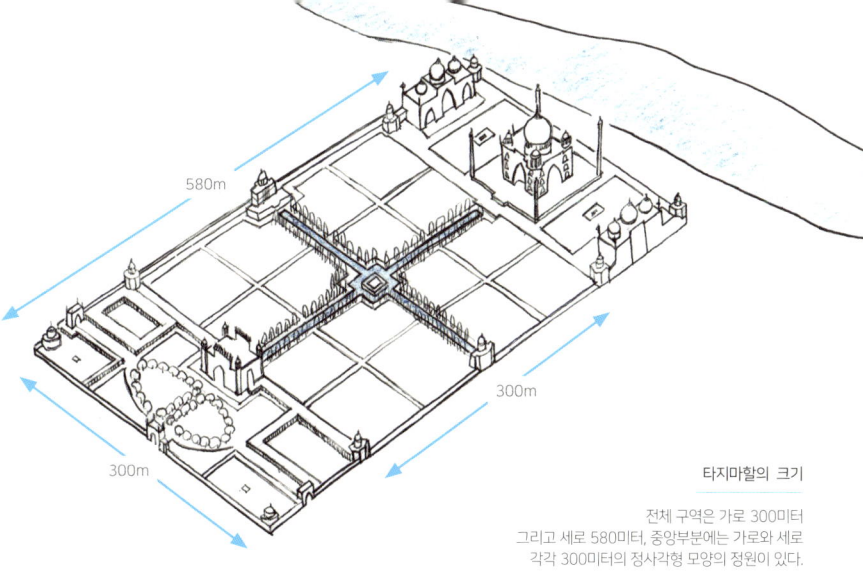

타지마할의 크기

전체 구역은 가로 300미터 그리고 세로 580미터, 중앙부분에는 가로와 세로 각각 300미터의 정사각형 모양의 정원이 있다.

육중한 돔 형태의 지붕을 가진 건축물은 무거운 느낌을 주는데, 타지마할 건축물은 건물 외부의 많은 부분이 창이 있는 곳을 중심으로 안쪽으로 후퇴되어 그림자에 의해 강력한 음영이 생기고, 대리석의 백색은 이러한 건물 외부에 생기는 그림자의 음영을 더 강조합니다. 이러한 그림자 효과는 돔 아래 부분을 마치 얇은 종잇장 같이 보이게 만들어 그 상부에 위치한 거대한 흰색 돔이 공중에 떠 있는 것처럼 가벼운 느낌을 줍니다.

일반 건축물 20층 높이에 해당하는 57m 높이의 타지마할은 건축물이 버티도록 하는 건물 내부 구조재료로 강도가 강한 벽돌이 사용되었습니다. 전국에서 동원된 실력 있는 석공과 목수들에 의해 많은 벽돌이 쌓아 올려졌고, 건물 외벽은 흰색의 대리석으로 마감하였습니다. 벽돌과 벽돌 사이와 대리석을 건물 외벽에 붙일 때는 강한 접착재가 필요했는데, 물과 석회 그리고 흙을 일정한 비율로 섞은 화학작용에 의한 천연 접착제를 발명하여 사용하였습니다. 대규모의 타지마할 건축물을 지탱하는 재료가 벽돌과 주변 자연환경에서 얻은 천연 접착제라고 하니 오늘날 현대 건축분야의 화두인 '친환경 건축'을 위해 타지마할 건축물은 훌륭한 연구 대상이라 단언할 수 있겠습니다.

　타지마할의 북쪽에는 강이 흐르고 남쪽에는 물이 있는 정원이 있어서 혹시나 타지마할 건축물이 물로부터 피해를 받지 않을까 걱정할 수 있겠습니다. 일반 현대 건축물의 수명이 약 50년으로 가정하는데, 1600년 중반에 완공된 타지마할의 안전성을 고려해 보는 것은 당연한 절차일 것입니다. 타지마할이 400년 이상의 긴 시간 동안 굳건하게 버티고 있는 비밀은 바로 건축물 밑에 숨겨져 있습니다. 기초가 튼튼해야 집이 무너지지 않듯이 타지마할 건축물도 매우 튼튼한 기초를 가지고 있습니다.

　타지마할 건축물을 받치고 있는 기단부분은 가로와 세로가 각각 100m의 넓이에 지하 깊이 20m로 즉, 일반 건축물 7층에 해당하는 지하공간에 건물을 잘 지탱하기 위한 기초가 빽빽하게 배치되어 있습니다. 기초는 총 세 단계로 나뉘는데, 지하의 제일 아랫부분에 하부기초, 그 위로 상부기초 마지막으로 지상부분과 제일 가까운 곳에 아치모양의 구조가 기초역할을 하고 있습니다. 이처럼 우리가 실제로 볼 수는 없지만, 건축물 아래 지하공간에 총 세 가지 형태로 기초가 보강되어 있기에 웬만한 자연재해에도 건축물은 피해가 없고 특히, 물이 지하공간으로 침투를 한다 하더라도 지하 암반까지 닿아 있는 많은 수의 기초가 건물을 받치고 있기 때문에 건물이 지반침하로부터 받는 영향은 매우 적습니다. 400년 이상 오래된 역사를 가진 타지마할의 기초 기술은 오늘날 현대 건축물을 신축 할 때 적용되는 기초와 같은 방식이며, 특히 초고층 건축물의 기초는 타지마할 기초와 매우 유사한 사실로 미루어 보아 타지마할의 건축술이 얼마나 위대한 지를 알 수 있습니다.

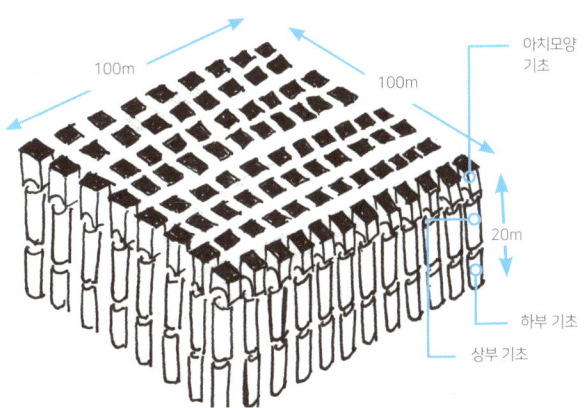

타지마할이 지진과 같은 자연재해에 피해를 받지 않도록 건축물 아래에는 총 세 가지 형태의 기초로 단단하게 보강되어 있다.

타지마할을 구성하는 건축물들은 여러 건축양식이 적용되었지만, 그 중에서도 이슬람 건축양식을 가장 많이 따르고 있습니다. 특히 이슬람 건축양식 중에서 가장 중요한 특징 중에 하나는 물이 매우 중요한 건축요소로 사용되는 점입니다. 보통 물은 정적인 형태로 정원에 많이 쓰이며, 타지마할에도 건물들 사이에 위치한 대규모 정원에 십자 형태로 물이 배치되었습니다.

이슬람 건축양식에서 물이 중요하게 사용되는 이유는 첫째, 물은 생명의 근원으로서 건축물과 더불어 물이 있는 정원은 파라다이스, 즉 낙원을 상징하기 때문입니다. 둘째, 더운 기후에 속해 있는 이슬람 지역에서 물은 시원함을 표현합니다. 특히 건물 앞에 대규모의 물 공간을 배치하면, 바람이 불 때 수면 위로 생긴 시원한 기운이 건물 앞으로 전달됩니다. 셋째, 종교적의미로 물은 몸과 마음의 정화를 표현합니다. 마지막으로 건축물 앞에 배치된 대형 물 공간은 그 수면 위로 건축물이 대칭되게 투영되어 기존의 건축물보다 더 크게 보이도록 합니다.

타지마할 건축물 자체에도 이슬람 건축양식이 적용되었습니다. 그 특징으로는 첫째, 건축물의 정 중앙을 중심으로 좌우가 완벽한 대칭인 엄격한 비례미를 갖고 있습니다. 둘째, 건물을 둘러싸고 4개의 첨탑이 배치되어있는데, 이 첨탑들은 이슬람 신자들의 유일신인 알라신을 받들고 이슬람 종교를 창시한 무함마드(Muhammad)가 태어난 즉, 이슬람 종교의 성지 사우디아라비아의 '메카(Mecca)'를 향하고 있습니다. 4개의 첨탑들은 지상으로부터 곧게 서 있지 않고 사실 타지마할 건물의 바깥방향으로 약간 기울어져 있습니다. 그 이유는 하늘로 곧게 뻗어 있는 규모가 큰 첨탑을 볼 때, 인간이 가진 착시현상 때문에 첨탑이 타지마할 방향으로 기울어져 보이는 왜곡현상이 일어납니다. 이러한 착시현상으로 인하여 사실과는 다르게 첨탑이 건축물 안쪽으로 기울어져 보이는 것을 방지하고자 의도적으로 건축물 바깥쪽으로 첨탑을 약간 기울게 배치했습니다. 또한 지진과 같은 자연재해가 발생했을 때, 첨탑들이 타지마할 건축물 방향으로 쓰러져 건축물에 피해를 주지 않도록 위함입니다.

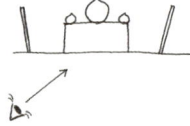
타지마할 건축물을 둘러싸고 있는 4개의 첨탑은 바깥쪽으로 약간 기울어져 있다.

실제로 기울어져 있는 첨탑은 착시현상에 의해 곧게 뻗어있는 것처럼 보인다.

셋째, 건축물 외부의 흰 대리석 표면에 준보석으로 코란(Koran)의 내용으로 정교하게 장식하였습니다. 코란(Koran)은 이슬람 종교의 경전으로 이슬람 종교의 기본 가르침이 적혀있는 매우 중요한 책입니다. 이슬람 종교에서는 그들의 유일신인 알라신에 대한 믿음과 숭배에 방해받지 않도록 디자인 요소로 사람이나 동물 그림을 그리지 못하게 합니다. 이러한 이유로 이슬람 예술은 그 표현방법에 있어서 기하학적 문양과 특히, 코란 경전의 내용을 활용한 다양한 서체 예술이 발달하였습니다. 또한 이슬람 국가의 여성들은 이성의 유혹을 방지하기 위해 그들의 몸을 검은 천으로 완전히 감싸야 할뿐만 아니라 머리와 목 등의 신체부위를 '히잡(Hijab)'이라 불리는 두건으로 가려야 합니다. 바로 이슬람 종교를 상징하는 '히잡(Hijab)'이 오늘날 특히 서구 유럽지역 국가들에서 사회적 갈등을 유발하고 있습니다. 국가는 종교의 자유도 허락하지만 모든 사람들의 권리 및 평등도 보장해야 합니다. 이러한 관점에서 많은 유럽 국가들은 이슬람 종교 지역에서 온 몸을 숨겨야 하는 여성들이 남성들에 비해 의복 문화에 대한 차별을 받고 있고, 또한 눈동자만 노출되고 온 몸이 검은 천으로 둘러싸인 모습이 일반 다른 사람들에게 거부감을 유발한다고 판단합니다. 종교의 자유와 여성의 인권보호라는 두 주제를 모두 만족하기 위해서 2000년대 초반 프랑스에서는 학교와 같은 공공시설에서는 여성들이 그들의 얼굴을 거의 가리는 히잡의 착용을 금지하는 법을 만들었습니다. 하지만 종교가 목숨과도 같은 이슬람 신자들은 대부분 법을 지키지 않고 있고, 프랑스도 종교의 자유와 결부된 의복문제를 단속하기는 매우 어려운 상태입니다. 이처럼 이슬람 지역의 여성의 복장은 매우 엄격한 주제이며, 이슬람 국가를 방문하는 이슬람 신자가 아닌 일반 여성들도 그들의 종교에 대한 예의 차원에서 간단한 스카프로 머리를 감싸는 것이 중요합니다.

3 오감으로 만나는 세계문화유산 _ 유럽

3.1 **스페인** | 건축가 안토니 가우디의 건축물

3.2 **프랑스** | 건축가 르 코르뷔지에의 건축물
　　　　　 | 프랑스 수도 파리의 센 강변
　　　　　 | 베르사유 궁전과 정원

3.3 **영국** | 바스 도시

3.4 **네덜란드** | 슈뢰더 하우스

3.5 **이탈리아** | 빌라 바르바로
　　　　　　 | 베니스 도시와 석호

3.1 스페인

건축가 안토니 가우디의
건축물 _ Architecture of Architect Antoni Gaudi

건축가 안토니 가우디
Antoni Gaudi

스페인 출신의 안토니 가우니(Antoni Gaudi, 1852-1926)는 건축 관련 종사자들 이외에도 많은 사람들이 알고 있는 전 세계적으로 유명한 건축가입니다. 안토니 가우디의 건축 작품은 건축분야 뿐만 아니라 예술계를 비롯한 다양한 분야에 영향을 많이 주었습니다.

안토니 가우디는 스페인 국가 안에서도 오로지 바르셀로나 도시에서만 건축가로서 작품 활동을 했고, 현재 그의 총 7개 건축 작업들이 1984년과 2005년 두 해에 걸쳐 유네스코 세계문화유산에 등재되었습니다. 가우디가 건축가로서 활동했던 그 당시에도 그는 매우 유명했는데, 그가 유독 바르셀로나 도시 안에서만 건축 작업을 했던 이유는 현재까지 이어져 오는 스페인의 독특한 지역 특성 때문입니다.

스페인은 총 4개의 공식 언어를 사용하는 지역으로 나뉩니다. 그 중에서 바르셀로나 도시가 속해 있는 지역은 '카탈란(Catalan)' 언어를 사용하는 '카탈루냐(Catalonia)' 지역으로, 우리나라의 경상남·북도의 크기에 해당되는 면적을 가지고 있습니다. 카딜루나 시역은 발전된 무역과 관광의 중심지로서 스페인 국가 전체의 경제에 매우 중요한 역할을 하고 있고, 지역민들은 그 지역에 대한 자부심이 대단합니다. 이러한 이유로 카탈루냐 지역주민들은 1900년 초반부터 현재까지 카탈루냐 지역을 스페인 본토로부터 독립하기 위한 자치권을 강하게 요구하고 있습니다. 몇몇의 카탈루냐 지역 사람들은 자신들이 스페인 사람이 아닌 카탈루냐 출신이라고 말할 정도입니다. 이처럼 문화와 경제적으로 풍요로웠던 카탈루냐 지역의 수도 역할을 했던 바르셀로나의 도시 위상은 매우 높았으며, 돈 많고 문화와 예술에 조예가 깊은 바르셀로나 후원자들의 지원으로 건축가 안토니 가우디는 그가 하고자 했던 건축 작업을 수행할 수 있었습니다.

저자 본인은 건축물에 관해서 공부를 할 때, 우선 해당 건축물을 설계한 건축가의 일대기를 보는 것을 중요하게 생각합니다. 왜냐하면 건축가의 경험들과 주변 환경들 그리고 만났던 인물들이 건축가가 설계한 건축물에 많은 영향을 주기 때문입니다. 우리가 바르셀로나에 여행가서 안토니 가우디가 설계한 화려한 건축물의 외관만을 보고 안토니 가우디가 늘 행복한 삶을 살았다고 쉽게 생각할 수 있으나, 정작 그의 삶은 늘 고난의 연속이었고 그의 죽음조차도 주변에 지켜주는 사람 없이 전차에 깔려 비참하게 생을 마감했습니다. 아마도 가우디는 건축가로 활동할 당시의 그가 처한 힘든 현실을 잊고자 열심히 일했고, 그가 느끼는 슬픈 감정을 숨기고자 그의 내면과는 다른 매우 화려한 건축물을 설계하지 않았나 생각됩니다.

안토니 가우디는 1852년 태생으로 금속세공업을 하는 아버지와 대장간을 운영하는 삼촌을 두었습니다. 이러한 주변 환경은 가우디가 이미 태어날 때부터 금속제조술에 뛰어난 능력을 갖도록 해 주었습니다. 그 영향으로 가우디의 건축물에는 그가 철제로 정교하게 디자인한 난간,

'카사 밀라' 건물 옥상에서 바라본 '성가족 대성당'. 2005년도 세계문화유산에 등재되었다.

손잡이 등을 볼 수 있습니다. 또한 20대 초반에 했던 그의 여행은 건축가로서 그의 일생에 큰 영향을 미치는데, 특히 그는 종교건축물에 매료됩니다. 그는 평생 동안 독실한 가톨릭 신자였고, 그가 생을 마감하고도 건축물이 현재까지 계속 지어지고 있는 그의 최고의 역작 '성가족 대성당(Sagrada Familia, 1882-)'이 탄생하게 됩니다.

가우디가 겪었던 비참한 일생은 한마디로 '죽음의 삶'이라 해도 과언이 아닐 것입니다. 그는 부모에게서 5번째 아들로 태어나는데 그의 형과 누나는 그가 태어나기 전에 이미 사망하고, 1876년 가우디가 24살 때 또 다른 형과 어머니도 생을 마감합니다. 그는 특히 사랑했던 어머니의 죽음에 많은 상실감을 느꼈는데, 어머니가 사망하고부터 그는 일기를 쓰기 시작했습니다. 1876년 11월 25일에 그가 작성한 일기의 첫 부분 '이겨내기 위해서는 미친 듯이 일해야 한다.'[3]의 문장에서 알 수 있듯이 그의 어머니를 잃은 상실감을 잊고자 건축 작업에 매진하기 시작한 것을 알 수 있습니다.

1879년에는 그의 또 다른 누나가 그리고 1906년에는 아버지마저 사망합니다. 성가족 대성당과 함께 가우디의 또 다른 위대한 건축물이라 불리는 '카사 밀라(Casa Mila, 1906-1910)'가 그의 아버지가 돌아가시던 해에 공사가 시작된 점도 가우디가 가장 슬플 때 최고의 작품을 남긴 사실을 보여줍니다. 1910년 가우디는 고열, 피로감 증세가 나타나는 희귀병인 브루셀라병에 걸려 고생하고, 1912년에는 자신에게 유일하게 남은 가족인 누나의 딸 마져 알콜 중독으로 생을 마감합니다. 이후 혼자

3) 어머니 품을 설계한 건축가 가우디. 현암사 p119

남은 가우디는 1926년 그의 나이 74살에 길을 걸어가다가 지나가는 전차에 치어 비참하게 생을 마감하게 되는데, 당시 그의 행색이 너무 남루해서 당시에도 유명한 인물이었음에도 불구하고 그 누구도 전차에 치인 사람이 가우디임을 알아보지 못했다고 합니다.

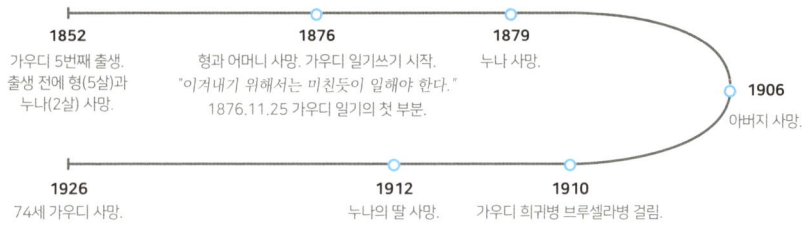

죽음으로 점철된 건축가 안토니 가우디의 삶

오늘날 건축가 안토니 가우디의 그토록 화려하고 멋진 건축 작업들을 보면서 건축에 관해 잘 알지 못하더라도 실제 그러한 건축 작업에는 많은 돈이 필요할 것으로 예상할 수 있습니다. 많은 죽음들로 인해 슬펐던 그의 삶에서 그를 후원했던 든든한 지지자가 있었는데, 그 사람은 바로 에우세비 구엘(Eusebi Güell, 1846-1918)입니다. 바로 이 에우세비 구엘이 없었다면 아마도 위대한 건축가 가우디도 존재할 수 없었을 것입니다.

에우세비 구엘은 카탈루냐 지역 출신의 자부심을 가진 민족주의자로서 산업기반의 갑부이자 상원의원이었습니다. 그는 카탈루냐 지역 발전에 대단히 관심이 많아서 특히, 1888년 국제박람회가 카탈루냐 지역의 수도인 바르셀로나에 유치되는데 현격한 공을 세웁니다. 에우세비 구엘은 단순히 돈 많은 부자가 아니라 예술분야를 비롯한 다 방면에 관심이 많아서 바르셀로나 도시를 아름답게 만들 수 있는 하나의 방법으로 아름다운 건축물들을

에우세비 구엘(Eusebi Güell)

건축가 안토니 가우디의 든든한 후원자

생각했고, 이를 실현하기 위해 1883년에 안토니 가우디를 구엘 가문의 전담 건축가로 지정합니다. 카탈루냐 지역 출신의 자부심을 공통으로 가진 에우세비 구엘과 안토니 가우디는 단순히 그 두 사람의 관계가 건축설계를 의뢰하는 건축주와 의뢰를 수행하는 건축가라는 업무적인 관계가 아닌 서로가 서로를 존경하고 신뢰하는 관계를 유지합니다.

안토니 가우디가 남긴 총 7개의 건축 작업들이 세계문화유산에 등재된 이유는 그 무엇보다도 건축가 가우디만이 표현할 수 있었던 독창적인 건축디자인 때문입니다. 그러한 다른 건축가들은 표현할 수 없는 가우디만이 가졌던 건축 디자인의 위대함은 그의 모든 건축 작업들을 관통하는 하나의 중요한 건축양식을 바탕으로 하고 있다는 점인데, 그 건축양식을 '아르누보(Art Nouveau) 양식'이라 부릅니다.

'아르누보(Art Nouveau) 양식'은 단순히 건축분야에만 적용된 것이 아닙니다. 아르누보 양식은 19세기 후반과 20세기 초에 프랑스를 중심으로 유행한 장식예술로서 회화, 공예, 조각, 패션, 건축 등 다양한 조형예술분야에 영향을 미쳤습니다. '아르누보(Art Nouveau)'는 불어로 'Art=예술' 그리고 'Nouveau=새로운' 즉, '새로운 예술'을 의미합니다. 아르누보 양식은 그 이전 시대와는 다른 새로운 예술을 개척하고자 탄생했고, 그 양식이 추구하고자 했던 아름다움의 관점은 자연의 형태를 표현하고자 하는 것으로 특히, 동·식물형태의 유기적인 곡선과 비대칭성을 강조합니다. 이러한 자연의 형태를 다양한 조형예술사조에 적용함으로서 최종적으로는 고전적이고

'Judith1'

아르누보의 대표 화가 , 구스타프 클림트(Gustav Klimt)의 작품으로 식물형태와 특히 여성의 신체를 이용하여 유기적인 곡선의 아름다움을 표현하였다.

곡선을 사용하며 식물형태를 아름답게 표현하는 아르누보 예술은 '타이포그라피' 문자예술에 영향을 주었다.

낭만적인 예술을 지향합니다. 오늘날 우리 주변에서 쉽게 볼 수 있는 아르누보 양식이 적용된 사례는 우리가 컴퓨터로 문서 작업할 경우 선호하는 글자타입을 선택하는데, 수 없이 다양한 형태의 문자타입을 볼 수 있습니다. 이처럼 매우 다양한 디자인형식을 가진 문자디자인 즉, '타이포그라피(Typography)'가 대표적으로 아르누보 양식이 적용된 사례입니다.

카사 밀라(Casa Mila, 1906-1912)

마치 한 폭의 거대한 유화와 같은 카사 밀라 입구의 아름다운 천장의 모습

'카사 밀라(Casa Mila)'는 스페인어로 '밀라의 집'을 의미하며, 건축주 페르 밀라(Pere Mila)가 의뢰해서 가우디가 완성한 건축물입니다. 카사 밀라는 세계문화유산에 등재된 7개 건축 작업들 중에서도 가우디의 위대한 작품이라 일컬어지고 있으며, 1984년 유네스코 세계문화유산에 등재되었습니다. 카사 밀라 건축물의 외관은 물결무늬의 상아빛 돌들이 전체 건물을 감싸고 있고, 외벽에는 창을 내기 위해서 여러 구멍이 뚫려 있습니다. 이러한 모습이 마치 돌을 채취하는 채석장의 모습을 닮았다 하여 카사 밀라의 공식 이름 이외에 애칭으로 스페인어로 '채석장'을 의미하는 '라 페드레라(La Pedrera)'라고도 불립니다.

카사 밀라는 '그라시아 거리(Passeig de Gràcia)'에 위치하고 있고 건물 외형이 워낙 독특해서 쉽게 알아볼 수 있습니다. 20세기 초에 카사 밀라는 부자들을 위한 최고급 아파트의 용도로 지어졌으며, 오늘날 카사 밀라 건축물을 방문하기 위해 그라시아 거리를 걸으면 왜 카사 밀라가 그라시아 거리 대로변에 지어졌는지 이해가 됩니다. 20세기 초에 가장 부유했던 유럽 도시들 중에 하나였던 바르셀로나의 역사는 현재 그라시아 거리 주변에 즐비한 최고급 매장들에 의해 명맥이 유지되고 있고, 그 중에서도 백미는 물결치는 모습을 하고 있는 카사 밀라 건축물입니다.

카사 밀라(Casa Mila) 건축물

물결치는 돌 모양의 외관이 특징이며 석재 외관에 창을 내기 위해 만든 구멍이 마치 돌을 채석하는 장소를 연상시켜서 '채석장'이라는 별명을 가지고 있다.

집 주인인 밀라의 가족들만을 위해 계획된 지상에서 2층으로 바로 연결되는 아름다운 계단

현재 카사 밀라를 방문하면 외부로 보이는 총 6개 건물 층들 중에 1층은 상점이고 2층은 대형 전시공간으로 사용되고 있습니다. 카사 밀라가 시어셨을 낭시, 2층의 서 대한 공간 전체가 밀라 가족들만이 사용했다고 하니 당시 밀라 가족의 엄청난 경제력을 예상해 볼 수 있습니다. 또한

지상에서 2층으로 바로 연결되는 아름다운 특별한 계단도 이와 같은 사실을 뒷받침 하고 있습니다.

카사 밀라 건축물 외관에 보이는 물결무늬의 형태, 넝쿨나무 줄기 모양의 철재 건물 난간, 나뭇잎 모양의 가구 등, 카사 밀라 건축물 전체는 자연의 형상을 디자인으로 표현한 아르누보 양식을 철저하게 따르고 있고, 이처럼 여러 다양한 자연의 모습들이 모여서 건축물 전체는 하나의 거대한 예술 작품이 됩니다. 인간을 포함한 모든 자연요소들이 서로 각자 다른 모습을 하듯, 카사 밀라 건축물의 모든 요소들은 서로가 모두 다르고, 이러한 건축물 내부를 거닐다 보면 마치 자연 속에 있는 듯 한 착각이 듭니다. 인간에 의해 만들어진 인공적인 공간이 대자연 속에서 느낄 수 있는 편안함을 제공한다면, 이보다 더 완벽한 건축공간은 존재하지 않을 것입니다.

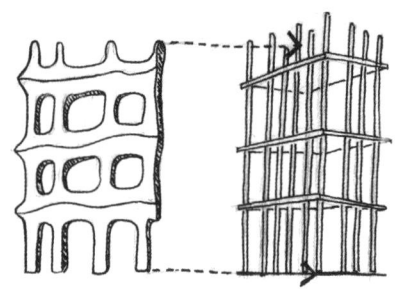

카사 밀라 건축물을 지탱하고 있는 내부구조는 철골구조이며, 건물 외부에는 물결무늬의 석재로 장식되어 있다.

카사 밀라는 아르누보 양식을 건축디자인에 적용한 중요한 예술적 가치 뿐만 아니라, 20세기를 대표하는 기술 진보적인 현대건축물 이라는 점에서도 매우 중요한 가치를 가지고 있습니다.

우선 건물이 잘 서 있을 수 있는 뼈대, 즉 건물의 구조 측면에서 카사 밀라 건축물은 매우 진보된 기술력이 적용되었습니다. 카사 밀라의 건축물 외관을 보면 석재로 사용된 외관으로 인하여 육중한 돌들이 건물을 지탱하고 있으리라 예상해 볼 수 있습니다. 하지만 건물 외관에 보

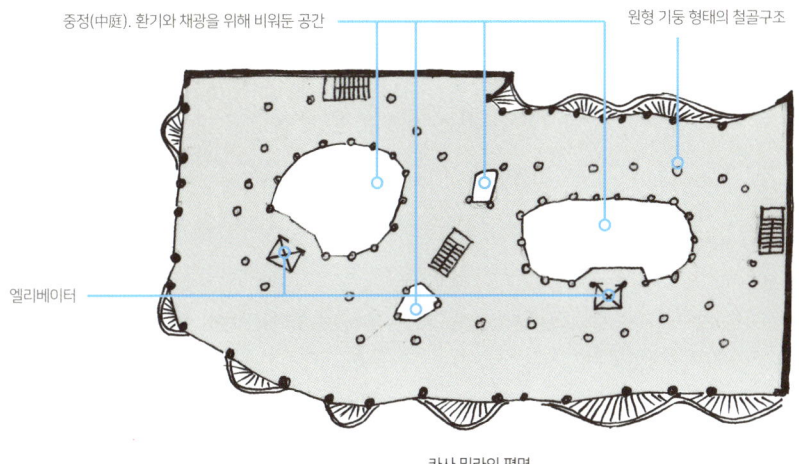

카사 밀라의 평면

주거 공간 내부는 원형 기둥 형태의 철골구조로 되어있어서 자립벽을 활용하면 다양한 세대가 입주할 수 있다. 2층은 건물주였던 페르 밀라가 전부 사용하였다.

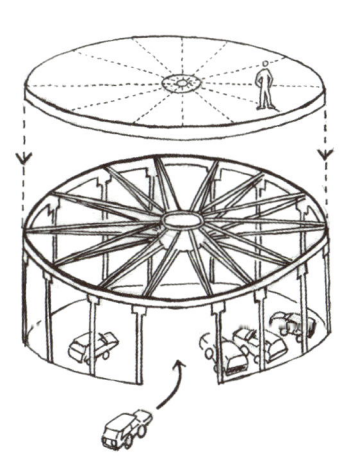

카사 밀라 건축물의 지하주차장

자전거 바퀴 모양을 한 진보적인 기술이 적용된 철골구조. 현재는 강연실로 사용되고 있다.

이는 석재들은 사람에 비유하면 겉옷에 해당되며, 카사 밀라 건물을 지탱하고 있는 중요한 구조는 금속재질인 철골구조가 사용되었습니다. 사람에게 척추는 신체가 자립할 수 있도록 해 주는 가장 중요한 역할을 하듯, 카사 밀라 건축물 내부에는 마치 척추의 뼈대와 같이 철골들이 건물의 각 층을 받쳐주고 있습니다. 척추를 감싸는 피부조직과 옷들에 해당하는 것이 바로 카사 밀라 외부에서 보이는 물결무늬 모양의 석재 재료들입니다. 건축물의 외장재라 불리는 가사 밀라 외부의 석재 재료들은 건물을 아름답게 보이는 장식품인 것입니다.

또한 카사 밀라는 유럽 최초의 지하주차장 공간을 가지고 있습니다. 오늘날 우리는 자동차가 없는 삶을 상상해 볼 수 없지만, 20세기 초에는 자동차가 널리 보급되지 않았습니다. 이처럼 자동차라는 새로운 발명품에 대해 당시 건축가 안토니 가우디는 인간의 삶에 큰 영향을 미칠 것이라 예상하고 건물 지하에 주차공간을 계획하였습니다. 이처럼 안토니 가우디는 건축가로서 단순히 아름다운 건축물만 추구한 것이 아니라, 과학의 발전 그리고 미래세계에 대한 대안을 건축물에 적용한 뛰어난 인물이었습니다. 현재 카사 밀라의 지하 주차공간은 작은 전시공간이나 세미나 등을 할 수 있는 용도로 사용되고 있습니다.

이처럼 아르누보 양식의 아름다운 외관과 철골구조 사용 및 바르셀로나 최초의 지하주차장을 완비한 내·외적으로 가우디의 건축적 완벽성을 가장 잘 표현한다는 카사 밀라는 아이러니하게도 가우디가 가장 힘든 시기에 건축물이 지어졌습니다. 건축물이 처음 공사가 시작된 1906년 가우디의 아버지가 돌아가셨고, 같은 해에 가우디의 오랜 친구이자 그의 지지자였던 건축가 '마르토렐(Joan Martorell, 1833-1906)'도 사망합니다. 또한 카사 밀라가 지어지는 기간 내내 가우디는 그에게 홀로 남은 혈연인 죽은 누나의 딸을 돌보고 있었는데, 그녀는 알코올 중독과 여러 합병증에 걸려 고생하다가 카사 밀라가 완공되는 1912년에 세상을 뜹니다. 가우디의 전기 작가 '베르고스 마소(Joan Bergos Masso)'에 의하면 '술을 혐오했던 가우디

납골당처럼 표현된 카사 밀라

카사 밀라 건축물은 단순히 건축물 이라는 대상을 넘어 다양한 분야에서 재해석 되었다.

는 몇몇 인부들을 술에서 떼어 놓는 데에는 성공했지만, 정작 자신이 너무나도 사랑했던 조카딸은 알코올 중독에서 건져 내지 못했다.'고 합니다.

이처럼 가우디의 처절한 슬픔 속에서 탄생한 그의 최고의 역작인 카사 밀라를 두고 독일의 유명한 철학가 '발터 벤야민(Walter Bendix Schönflies Benjamin, 1892-1940)'은 건축가 가우디의 내면상태, 시대적 배경 그리고 종교와 연관을 지어서 카사 밀라를 설명했습니다. 그는 카사 밀라 건축물을 정의하면서 '가우디가 느꼈던 처절함과 아픔으로 비롯된 악의 개념은 현대시대를 의미하는 모더니즘과 종교인 가톨릭주의가 결합하여 나온 결과이다.'⁴⁾ 라고 규정하였습니다.

카사 밀라 건축물의 외관도 특이하고 그 건축물을 설계한 건축가 가우디도 매우 독특한 성격을 가졌기에, 카사 밀라가 완공되었을 당시 건축물은 많은 조롱의 대상

비행기의 격납고로 표현된 카사 밀라   카사 밀라를 전쟁 시 참호에 비유

이 되기도 했습니다. 주로 건축물 외부에서 보이는 물결치는 돌과 비정형적인 창문들이 비판의 대상이 되었는

4) 어머니 품을 설계한 건축가 가우디. 현암사 p292

데, 겉으로 보이는 건물모습을 소형 비행기 격납고나 전쟁 시 포대를 설치하는 참호에 빗대어 조롱을 했습니다.

오늘날 카사 밀라는 우아하고 위풍당당하게 바르셀로나 도시 중심에 서 있지만, 건축물이 완공되기까지 우여곡절이 많았습니다. 대표적으로 건축주인 밀라와 건축가 가우디는 카사 밀라 건축물을 함께 만들어 가면서 사이가 틀어졌고 결국 법정 소송까지 이르게 됩니다. 당시 건축주 밀라는 정치인이자 부동산 개발업자로서 대단한 부자였지만, 처음 계획된 카사 밀라의 공사비는 공사가 진행될수록 엄청나게 늘어나서 건축주인 밀라가 부자임에도 불구하고 공사비를 감당하기 어렵게 됩니다. 이러한 상황에서 건축물이 완공되기 전 1909년 건축주인 밀라는 건축가 가우디에게 설계비용을 줄 수 없다는 소송을 벌이게 되었고, 그 이후 오랜 기간 동안 소송은 진행되어 마침내 1916년에 건축가 가우디의 승소로 결론이 납니다. 건축주 밀라는 가우디의 설계비용을 지불하기 위해 자신의 집을 저당 잡히는 신세가 되었고, 가우디는 자신이 독실한 가톨릭 신자인 만큼 받은 설계비 모두를 교회에 헌금하였습니다. 또한 건축주 밀라의 부인은 가우디가 설계한 카사 밀라의 자연을 형상화한 내부 공간을 무척 싫어해서 가우디가 사망한 1926년에 자신이 거주했던 $533m^2$에 해당하는 내부 공간을 모두 평범하게 교체해 버립니다.

오늘날 카사 밀라를 방문할 때 끝없는 경탄을 하게 만드는 환상적인 내부 공간을 건축주 부인이 가우디가 사망하자마자 지극히 평범하게 바꾸어 버렸다고 하니, 그녀가 얼마나 가우디를 싫어했는지 예상해 볼 수 있습니다.

파크 구엘(Park Güell, 1900-1914)

구엘 공원 입구에서 관광객들을 맞이하고 있는 신비스러운 모습의 두 건물. 여러 다양한 색을 가진 작은 타일들을 활용하여 건물의 외관을 장식하였다.

'파크 구엘(Park Güell)'는 건축가 안토니 가우디의 든든한 후원자 이었던 에우세비 구엘(Eusebi Güell)을 위한 공원으로 건축가인 가우디가 건축물이 아닌 외부 공원설계를 한 점이 특징입니다. '공원'은 스페인 공식 언어로는 'Parque' 그리고 바르셀로나가 속해있는 카탈루냐 지방의

구엘 공원(Park Güell)
원래 고급 주택단지를 조성하는 것이었으나, 계획이 변경되어 여러 식물들이 가득한 거대한 정원의 모습으로 탄생되었다.

언어로는 'Parc'이지만 '구엘 공원'을 지칭할 때, 공원이 스페인 바르셀로나에 위치하고 있음에도 불구하고 영어인 'Park' 단어를 사용합니다. 그 이유는 건축주인 구엘이 당시 영국에서 유행했던 대자연의 초원이 어우러진 유토피아적 도시 사상에 매료되었기 때문에 영어단어인 'Park'를 자신의 공원 명칭에 그대로 쓰기로 했습니다.

현재 구엘 공원은 입구에 위치한 두 건축물을 제외하고는 다양한 식물이 우거진 공원이지만, 초기 계획은 엘리트와 상류층을 대상으로 하는 고급 주택단지를 조성하는 것이었습니다. 19세기 후반에 영국에서 시작된 자연친화적인 주택단지를 바르셀로나에 만들고자 건축주인 에우세비 구엘은 현재 구엘 공원 땅이 최적이라 판단했습니다. 왜냐하면 구엘 공원의 위치는 바르셀로나 도심에서 다소 떨어져 있는 녹지가 풍부한 곳으로, 또한 공원의 해발 고도가 높아서 그곳에 집을 지으면 멋진 바르셀로나의 전경을 만끽할 수 있기 때문입니다. 오늘날에도 구엘 공원을 방문하고자 한다면, 가파른 경사로 인해 등에 땀이 날 정도입니다. 이처럼 초원 속의 고급주택단지를 계획한 구엘은 자신의 집안 전담 건축가 안토니 가우디와 건축설계를 시작했으나 공원의 대지가 너무 높은 곳에 위치해서 주택을 짓기 매우 어려웠고, 대중 교통수단의 어려운 접근성 그리고 무엇보다도 당시 바르셀로나 경제사정이 좋지 않아 주택의 수요가 없었습니다. 그 결과 주택건물이 들어서는 것이 아닌 원래 부지의 풍부한 자연의 아름다움을 그대로 보존하기로 결정합니다.

기존의 자연 속에 동화되는 가우디가 설계한 공원은 입구에서 반겨주는 두 귀여운 건축물, 동물 모양의 분수, 외부 가구들 그리고 기둥으로 형성된 복도 등의 다양한 공간으로 이루어져 있습니다. 특히 모든 건축물의 외부에 다양한 색을 가진 작은 조각들로 장식된 것이 특징인데, 이는 건축가 가우디의 후기 건축 작업에 특히 잘 나타나는 모자이크 기법입니다. 가우디는 모자이크 작업을 위해서 작업 인부들에게 출근할 때 깨진 타일조각이 있으면 주어오라고 지시했고, 또한 가우디의 지시로 이태리의 베니스에서 매우 조심스럽게 배달된 타일들을 인부들이 받자마자 산산 조각을 냈는데, 이 모습을 보고 타일을 정성스럽게 운송했던 사람들이 무척 놀랐다고 합니다.

경상남도 거제시 외도 보타니아

구엘 공원과 같이 외도섬 전체가 다양한 주제의 식물정원으로 구성되어 있으며, 특히 선착장 부근은 건축가 가우디의 모자이크 기법처럼 타일조각을 활용하여 디자인 되었다.

구엘 공원을 실제로 만든 사람은 건축가 가우디지만 결국 건축주 구엘의 의지가 구엘 공원을 탄생하게 했습니다. 그렇다면, 구엘이 그토록 만들고자 했던 초원 속의 고급 주택단지의 영감을 주었던 19세기 후반 영국의 유토피아 도시 사상에 대해 알아보는 것이 매우 중요합니다.

19세기 영국은 산업혁명의 결과로 도시가 발전하였고, 특히 영국의 수도 런던은 그 정점에 있었습니다. 산업의 발전은 경제의 발전을 가져왔지만, 그 이면에는 삶의 질 저하, 사회계층의 불평등 그리고 환경의 오염과 같은 심각한 사회문제가 대두되었습니다. 런던 도심은 늘 공장 굴뚝에서 내뿜는 매연으로 인해 호흡조차 불가능한 상태였고, 일자리를 찾아 도심으로 몰려드는 많은 노동자들을 수용하기에는 런던 도심은 한계가 있었습니다. 시간이 갈수록 런던의 삶의 질은 점점 더 열악해 졌습니다.

이러한 런던 도시가 가진 문제점의 심각성과 경각심을 일으키기 위한 다양한 사회 활동들이 일어나기 시작했고, 그 과정 중에서 '에베네저 하워드(Ebenezer Howard, 1850-1928)'라는 인물이 런던으로 대표되는 근대도시가 가진 문제점을 해결할 수 있는 새로운 도시 사상을 제안합니다. 당시 에베네저 하워드는 도시 관련 전문가나 사회운동을 하는 사람이 아니었습니다. 그는 20대 중반에 런던에 있던 법원에서 내용을 기록하는 속기사로 일했는데, 그 당시 법원에서 다루어졌던 많은 사회문제들을 접하게 되었고, 특히 도시문제에 많은 관심을 갖게 됩니다. 에베네저 하워드는 나날이 힘들어 지는 런던 도시의 삶을 개선하고자 새로운 도시 사상을 계획하여 그 구체적인 내용을 담아 1898년에 책을 출판합니다. 바로 그 책이 20세기 도시계획 역사에 한 획을 그은 '내일의 전원도시(Garden Cities of Tomorrow)'입니다.

책 제목에 정원을 뜻하는 'Garden'이 암시하듯, 책의

에베네저 하워드
(Ebenezer Howard)

저자인 하워드가 생각한 내일 즉, 미래의 도시는 그 무엇보다도 자연으로 연상되는 맑고 신선한 장소이어야 했습니다. 이는 당시 극도로 악화된 런던 대도시의 환경문제를 해결하고자 하는 의지를 내포하기도 합니다.

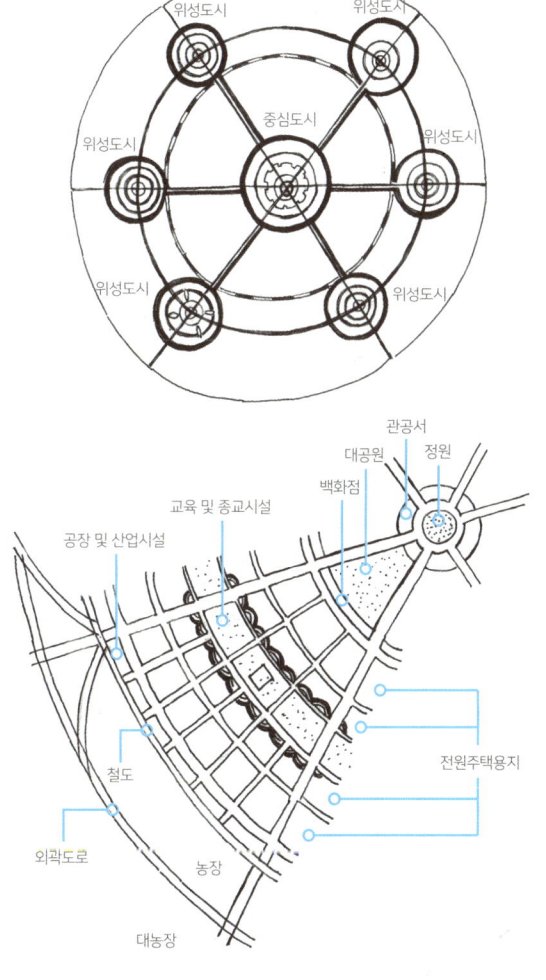

하워드의 전원도시 개념도

중앙에 위치한 중심도시는 12,000에이커 크기로 58,000명을 수용하며, 중심도시를 기준으로 방사선 도로로 연결되는 총 6개의 위성도시들은 9,000에이커 크기로 32,000명을 수용한다.

전원도시의 부분도

새롭게 조성되는 전원도시는 도시 안에 위락시설(백화점), 공장, 교육 및 종교시설이 있어서 자급자족이 가능하다. 다양한 형태의 도로망에 의해 여러 시설은 구획되고 전원주택용지는 대규모의 녹지(오늘날 그린벨트 개념)에 둘러싸여 있다.

1800년대 중·후반에 런던을 비롯한 유럽 국가들의 대도시는 급격한 산업혁명의 결과, 산업시설들이 모여 있는 대도시로의 집중화 현상에 따른 다양한 사회적 문제들이 발생되었고, 이를 해결하고자 하워드는 런던 대도시의 강력한 중앙집권적 도시 권력을 '전원도시(Garden City)'라는 지방 분권적 소도시를 개발함으로써 런던으로 집중된 도시 권력을 분산시키고자 했습니다. 'Garden City'가 의미하듯, 새로운 도시의 가장 중요한 요소는 건강, 맑은 공기, 자연과 같은 것으로서 하워드는 런던의 오염된 환경으로부터 시민들을 구출해내야 한다고 생각했습니다. 그가 얼마나 시민들을 런던으로부터 새로운 신도시로 끌어 들이고자 했던 심정은 그가 사용한 단어에서 알 수 있는데, 신도시를 의미하는 'City' 대신에 '자석(Magnet)'의 단어를 사용했습니다. 그가 제안한 '전원도시(Garden City)'는 단순히 자연만의 도시를 의미하는 '목가적인 자연도시(Country Magnet)'가 아니라 도시가 가진 문화, 일, 편의시설들이 함께 존재하는 '도시와 자연이 공존하는 도시(Town-Country Magnet)'로 정의됩니다.

하워드가 제안한 새로운 신도시인 'Garden City'는 대도시에서 떨어진 녹지가 풍부한 공간으로, 도시의 물리적 형태는 9,000에이커(약 36,400,000m^2, 1에이커=4,046m^2)크기의 도시 및 농업용지가 있으며, 그 공간 안에는 인구 32,000명이 살도록 합니다. 하워드의 신도시에 대한 개념이 위대한 이유는 단순하게 신도시를 디자인한 것이 아니라 경제적인 측면에서도 대안을 제안했다는 점인데, 그 핵심은 신도시가 기존의 대도시에게 의존하지 않는 경제적 자립입니다.

우선 신도시를 위한 9,000에이커의 땅을 구입하는

데 필요한 막대한 돈은 소수의 대자본가들이 은행과 같은 신용기관으로부터 마련을 하고, 이후 신도시에 입주할 32,000명 주민들에게 위탁합니다. 총 대지 비용이 32,000명으로 분할되므로 각 주민들의 부담은 적게 되며, 또한 그 비용은 30년에 걸쳐 천천히 나누어 은행에 냅니다. 은행에서 빌린 돈은 이자가 발생되는데, 은행에 갚을 이자는 신도시에서 매년 상승하는 땅값으로 충분히 감당할 수 있으며 또한 이자를 내고 남은 땅값 상승 비용으로 신도시의 도로를 내고, 주민편의시설을 만드는 것처럼 신도시를 가꾸고 운영하는 비용으로 사용합니다.

구체적으로 신도시가 자립하기 위해서는 단순하게 초원이 있는 주택들만 있어서는 안 되고, 물질 생산과 함께 소비활동도 할 수 있는 시설들도 필요하기 때문에 하워드는 백화점과 같은 대형 매장과 신도시 외곽에는 철도와 도로시설과 연계된 경제구역 설정 그리고 그 무엇보다도 중요한 대규모 녹지공간을 확보하기 위해 그린벨트 구역을 지정합니다. 이렇듯 하워드가 제안한 신도시 '전원도시(Garden City)'의 핵심은 녹지공간이 풍부한 새로운 경제적 자립도시입니다. 전원도시의 맑고 깨끗한 환경 속에서 사람들은 행복하게 일과 가족들과의 일상적인 삶을 영유하게 되며, 런던과 같은 대도시에서의 끔찍한 삶을 사는 사람들은 전원도시로 이사를 하게 됩니다. 그 결과 사람들로 넘쳐나서 나날이 나빠졌던 런던 도시공간은 인구밀도의 감소 그리고 공장들의 이전으로 인해 차츰 건강한 상태로 회복되게 됩니다.

이러한 하워드의 전원도시 개념은 20세기를 지나 현재까지도 전 세계적으로 영향을 미치고 있으며, 구엘과 가우디 또한 바르셀로나에 하워드의 초원 속의 유토피아적 도시 사상을 실현하고자 구엘 공원을 계획하게 된 것입니다.

특히 하워드의 전원도시 개념은 우리나라에서 신도시라는 이름으로 많이 실현되었습니다. 19세기 초에 하워드가 예상했듯이 오래된 도시에서 새로 만들어진 신도시로 많은 사람들이 이주하고 있는데, 우리나라의 경우에는 서울을 제외한 지방의 대도시에서 주로 이러한 현상이 나타납니다. 하워드가 가장 중요하게 생각했던 런던 대도시의 힘을 지방 도시로 분산시키려 했던 것과는 다르게, 우리나라의 수도 서울의 집중화는 더욱더 공고해지고, 지방의 대도시들은 새롭게 생긴 주변 신도시로 인구를 빼앗기며 그들이 떠난 대도시 안의 공간은 황폐해지고 있습니다.

우리나라의 경우처럼 서울이라는 수도가 가진 오랜 역사성을 간과하고 수도의 힘을 신도시로 분산이 가능하리라 예상했던 점, 중·소 지방 도시들은 그 주변의 '신도시(Garden City)'로 인구 뺏김 현상 그리고 그로 인한 도심 공동화 현상 문제에 관해 하워드가 오늘날 살아있다면 어떤 의견을 개진했을지 매우 궁금해집니다.

돌과 식물이 서로 어우러져 신비스러운 모습을 연출하는 구엘 공원

구엘 공원의 상부를 지지하는 기둥들. 천장과 기둥하부에 가우디의 모자이크 기법이 적용되었다.

3.2 프랑스

건축가 르 코르뷔지에의
건축물 _ Architecture of Architect Le Corbusier

TIME (1961)
5월호 표지

스위스 화폐
10프랑

　스위스 태생 프랑스에서 주로 활동한 건축가 르 코르뷔지에(Le Corbusier, 1887-1965)는 현대건축의 아버지라 불릴 만큼 오늘날 건축계에 가장 큰 영향을 준 건축가 중 한 명입니다. 그는 건축분야 뿐만 아니라 여러 다양한 분야에 영향을 준 인물로서 현재 스위스 화폐의 표지를 장식할 만큼 전 세계적으로 유명한 인물입니다. 또한 1961년 5월에는 건축가로서는 최초로 미국 타임지의 표지를 장식했습니다.

　건축가 르 코르뷔지에는 1887년 프랑스 국경의 라 쇼-드-퐁(La Chaux-de-Fonds)이라는 스위스의 작은 도시에서 태어났습니다. 이 소도시는 시계가공 기술로 대성공한 스위스의 작은 마을로서 시계의 여러 작은 부품을 생산하고 가공하는 정교한 기술력과 그러한 수많은 부품들이 결합되어 최종으로 시계라는 고품질의 결과물을 만들어내는 도시문화를 가진 곳이었습니다.

오늘날 시계가공기술로 유명해진 라 쇼-드-퐁 마을은 그렇게 되기까지 특별한 계기가 있었습니다. 1794년 대형화재로 인해 라 쇼-드-퐁 마을 전체가 전소되었습니다. 그 결과 새로운 도시가 계획되었고, 도시계획의 방향은 시계생산이라는 단순하지만 명확한 목적에 의해 이

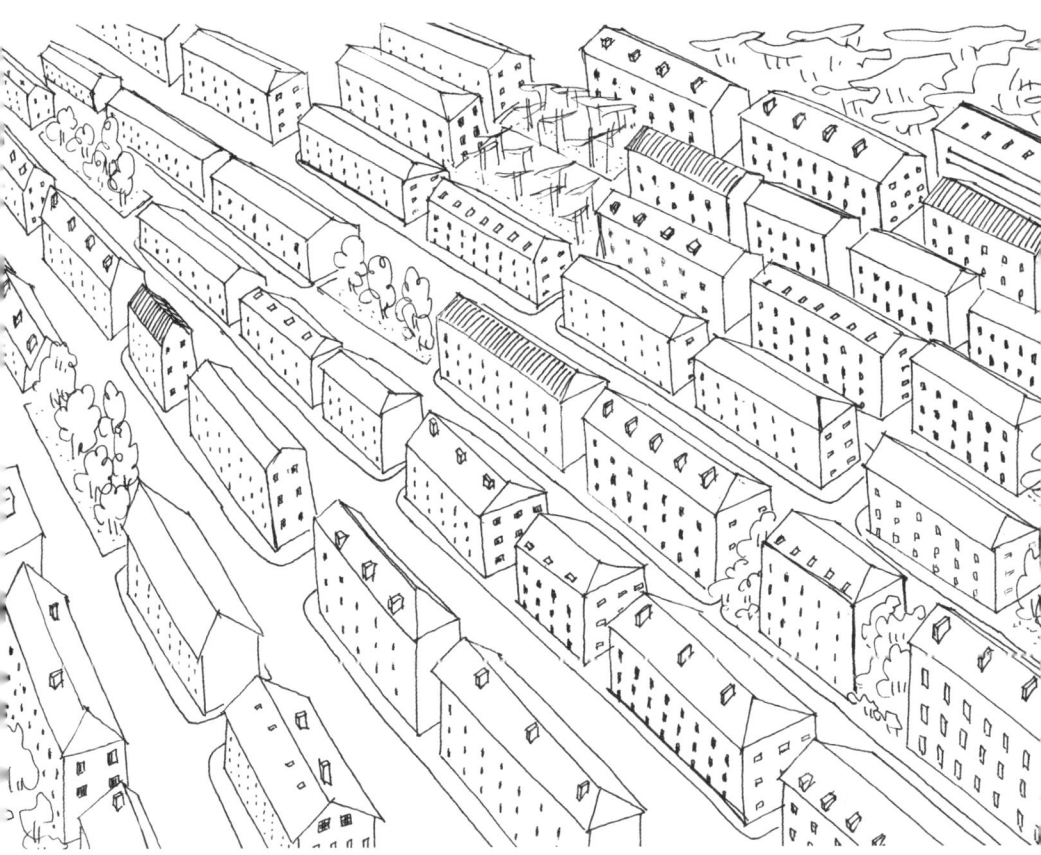

르 코르뷔지에의 고향, 스위스의 라 쇼-드-퐁(La Chaux-de-Fonds) 마을 전경

루어졌습니다. 이후 1900년대 초까지 전 세계의 시계생산 50%를 이 작은 도시가 담당할 만큼 라 쇼-드-퐁은 시계 제조기술이 뛰어난 마을로 성장하였으며, 현재도 값비싼 명품시계의 본사는 이 마을에 위치하고 있습니다. 이러한 관점에서 저명한 사회주의 철학자 칼 막스(Karl Marx)는 그의 저서 자본론(Das Kapital)에서 이 작은 소도시를 체계화된 기술력을 바탕으로 시계라는 생산품의 대량생산이 가능하게 할 목적으로 철저히 계획된 도시의 사례라 인용하였고, 시계생산이라는 특수한 목적으로 도시계획이 이루어진 가치를 세계적으로 인정받아 이 작은 마을은 2009년 유네스코 세계문화유산에 등재가 되었습니다. 이러한 라 쇼-드-퐁 마을이 가진 기술력, 정교함 그리고 체계화의 도시적 성격은 건축가인 르 코르뷔지에의 일생에 지대한 영향을 미치게 됩니다. 그가 남긴 유명한 어원인 'A house is a machine for living in' '주택(건축)은 살기 위한 기계이다'에서 볼 수 있듯, 르 코르뷔지에에게 건축은 하나의 정교한 기술력이 집약된 기계, 즉 이성적 메커니즘의 결과였습니다. 하지만 그가 의미하는 기계는 단순히 공장에서 물건을 만들어내는 기계가 아니라 인본주의에 입각한 즉, 인간을 위하는 감수성이 담긴 기계를 의미하며, 르 코르뷔지에의 모든 건축물은 건축행위를 위한 이성적 분석과 이론을 바탕으로 하고 동시에 인본주의가 담겨있는 〈기계〉 미학을 가졌기에 그 가치가 크다고 할 수 있습니다.

제가 프랑스에서 9년간 체류하면서 느낀 건축가 르 코르뷔지에의 명성은 정말 대단했습니다.

파리에서의 체류 기간 동안 겪었던 르 코르뷔지에의

대표적인 일화를 소개해 본다면, 주말에 본인이 버스를 타고 이동 중에 겪었던 어떤 할머니와의 짧은 만남에 관한 것이 있습니다. 파리 시내 안에 신축건물이 들어서는 일은 매우 드뭅니다. 특히 신축건물이 주변의 고풍스러운 오래된 건물들과는 이질적인 느낌이 든다면 그 건물은 파리 시민들의 집중공격을 받는 대상이 됩니다. 저는 친구와의 약속으로 버스를 탔고, 바로 제 옆자리에 할머니가 앉으셨습니다. 신호대기 중으로 인하여 잠시 버스가 완공을 눈앞에 둔 신축 병원 건물 앞에 멈추어 섰는데, 그 신축건물이 유난히 주변과 어울리지 않는 매우 현대식 건물이었습니다. 보통 연세 드신 분들이 처음 만나는 사람들에게 쉽게 혼잣말 비슷하게 말씀을 잘 건네시는 경향이 있는데, 그 할머니도 옆에 앉아있던 저에게 넌지시 대화를 청하셨습니다. 그 할머니의 짧은 말씀이 매

우 인상적이었는데, 버스 앞의 신축건물을 보면서 저에게 던지셨던 한 말씀은 "이봐 청년, 아마 르 코르뷔지에가 살아있었다면 저 건물을 설계한 건축가를 죽이려 했을 거야."

이렇듯 유럽에선 특히, 르 코르뷔지에가 주로 활동한 프랑스에서는 남녀노소를 가리지 않고 건축가인 르 코르뷔지에를 모르는 사람이 거의 없을 정도로 그는 유명인 사입니다.

2016년 유네스코 본부는 전 세계 7개국(프랑스, 스위스, 일본, 독일, 벨기에, 인도, 아르헨티나)에 있는 총 17개의 르 코르뷔지에 건물들을 세계문화유산에 등재하였습니다. 유네스코 본부는 르 코르뷔지에 건축물들이 세계문화유산에 등재된 이유를 단지 건축분야의 탁월성이 아닌, 현대사회 전반에 위대한 영향을 주었다고 명시하면서 르 코르뷔지에를 건축가 이상의 위대한 인물로 표현하였습니다. (The Architectural Work of Le Corbusier, an Outstanding Contribution to the Modern Movement).

빌라 사보아(Villa Savoye, 1928-1931)

빌라 사보아는 프랑스 수도 파리에서 가까운 포아씨(Poissy)라는 작은 마을에 위치하고 있는 주택건축물입니다. 빌라 사보아의 주택이름에서 알 수 있듯이, 주택의 주인은 사보아라는 인물로서 건축가인 르 코르뷔지에의 친구였습니다. 본 주택은 1931년에 완공되었으며, 건축주인 사보아는 자신의 부모님을 위한 전원주택을 건축가인 친구에게 설계를 의뢰하였습니다.

1931년 완공된 빌라 사보아

빌라 사보아 주택은 1931-40년 동안 사보아 가족의 개인용도로 사용되다가 2차세계대전 동안에는 독일에 의해 주택이 점령되기도 하였고, 전쟁이후인 1958년에는 포아씨 마을의 소유가 됩니다. 이후 1962년 프랑스 국가가 본 주택을 관리하다가 1965년에는 현대 건축물의 표본으로서 그 가치를 보존하고자 프랑스 정부는 빌라 사보아를 국가 역사 문화재로 지정합니다.

건물은 총 2층으로 구성되어 있으며, 3층엔 지붕에 위치한 외부 정원이 있습니다. 1층은 건축물을 지탱하는 둥근 기둥이 규칙적으로 배치되어 있고, 1층 중간부분에는 집으로 들어가는 입구가 있습니다. 본 주택의 용도는 명확하여, 1층에는 주차공간과 집을 관리하는 관리인들의 숙식공간과 같은 집을 보조하는 공간으로 구성되어 있습니다. 2층에는 집 주인이 거주하는 다양한 내부 공간들과 넓은 야외 테라스가 있는 가장 중요한 공간들이 배치되어 있습니다. 마지막으로 3층에는 작은 야외 옥상정원이 있으며, 그곳에는 식물과 벤치들이 있고 유선형의 벽이 아늑에게 옥상공간을 감싸고 있습니다.

본 건축물은 르 코르뷔지에의 건축이론이 적용된 하나의 실험적인 건축물이기에 그 가치가 매우 높다고 할 수 있습니다. 단순히 아름다운 주택을 설계한 것이 아니라 르 코르뷔지에 자신이 건축가 이전에 건축학자로서 자신만의 건축이론을 정립하고 이를 건축물의 결과로서 실현시켰기 때문에 건축분야를 이론적으로 학문화한 관점에서 빌라 사보아의 가치는 매우 큽니다.

자신의 건축이론을 정립하기 위하여 건축가 르 코르뷔지에는 혁신적인 건축구조물을 개발하는데, 그의 오랜 친구인 건축 구조 전문가 막스 듀 보아(Max du Bois)가 결정적인 도움을 주게 됩니다. 1913년 그 당시에는 새로운 건축 재료인 철근콘크리트를 사용하여 기둥만으로 건물을 지탱할 수 있게 하는 '돔-이노(Dom-ino)' 시스템이 개발되었고, 이는 건축가 르 코르뷔지에가 현대건축의 아버지라 불리게 되는 현대건축사의 큰 업적의 순간이었습니다.

빌라 사보아 에도 적용된 '돔-이노(Dom-ino)' 시스템의 어원은 라틴어로 고대 로마의 상류층 집의 'Domus'와 혁신의 'Innovation'의 첫 부분을 조합한 형태입니다.

건축가로서 르 코르뷔지에의 위대함은 건축설계의 능력뿐만 아니라 시대의 흐름을 간파하는 탁월한 능력에 있는데, 1914년에 1차세계대전이 발발하자 르 코르뷔지에는 전쟁으로 인한 도시의 복구, 특히 주택의 대량 공급이 필요할 것이라 예상하였습니다. 그 결과 공장에서 대량생산하는 공산품과 같이 건축물도 제작의 단순화, 표준화를 통하여 부족한 주택수요를 공급하겠다는 르 코르뷔지에의 선견지명으로 돔-이노 이론이 탄생하게 된 것입니다.

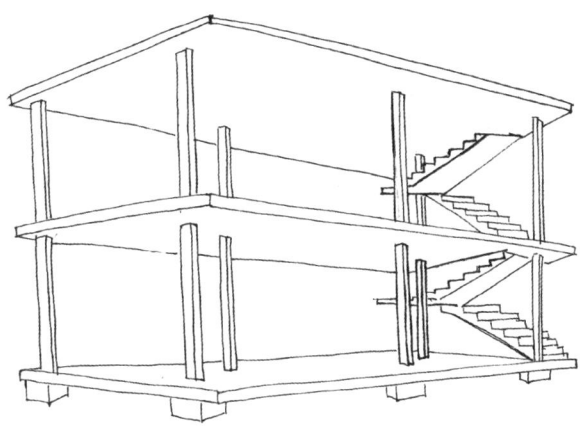

돔-이노(Dom-ino) 시스템 (1913)

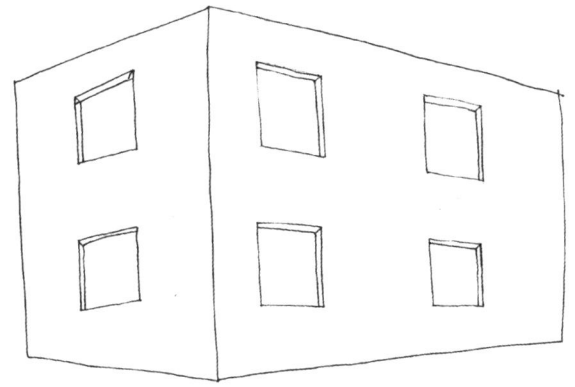

건물 외벽이 구조역할을 할 경우, 건물이 무너지지 않도록 건물의 창을 함부로 낼 수가 없다.

돔-이노 시스템의 위대함은 첫째, 건축물을 지탱하는 구조의 혁신적 변화가 있습니다. 기존의 건물은 건물 외벽이 집을 버티게 하는 내력벽 구조로 되어 있어서 건물의 벽에 관한 제약이 많았습니다. 건축주가 창이 많은 집을 원한다고 해서 외벽을 함부로 제거했다가는 집이 무너질 수도 있기 때문입니다. 하지만 돔-이노 시스템은 외벽이 구조역할을 하는 대신에 건축물 내부의 기둥들이 집을 버티게 하는 구조로 대체됨으로써 건물의 외벽이 필요 없게 되었습니다. 그 결과 건축가들은 다양한 건축 재료를 사용하여 자신들의 창의적인 디자인을 건물 외벽에 제안할 수 있게 되었습니다.

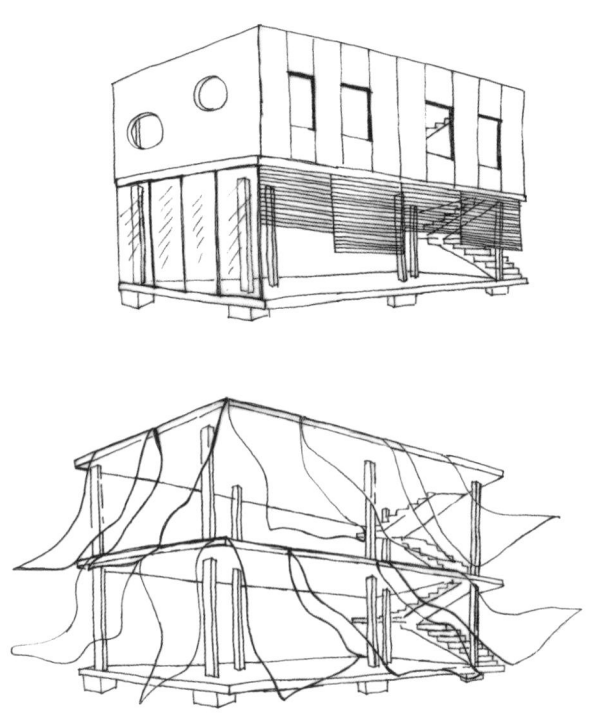

돔-이노 시스템은 건물 외부를 다양하게 디자인할 수 있도록 하였다.

이처럼 건축구조의 혁신을 가져온 돔-이노 시스템으로 르 코르뷔지에는 자신의 건축이론인 '근대건축 5원칙'을 발표하고 이 원칙을 자신의 건축에 적용합니다. 구체적으로 근대건축 5원칙을 빌라 사보아를 예로 설명해 보겠습니다.

첫째, 1층에 필로티(Pilotis) 구조입니다. 필로티 구조는 1층 부분에 건축물을 지탱하는 구조만 남기고 비워둔 구조를 말합니다. 자연을 좋아했던 건축가 르 코르뷔지에는 1층 공간을 비워둠으로써 주변 자연을 1층 공간으로 끌어오려고 했으며, 또한 시대를 앞서가는 안목으로 미래는 자동차의 시대라고 예상하여 1층에 주차 공간을 제시하였습니다. 이러한 필로티 구조는 오늘날 우리 주변에서 흔히 볼 수 있는데, 특히 대학가 주변의 다세대, 다가구 주택의 1층 공간을 비우고 건물로 들어가는 입구 이외에 주차장으로 사용되고 있는 것이 바로 필로티 구조입니다.

둘째, 자유로운 평면입니다. 건축물 내부에 배치된 몇 개의 기둥들 이외의 공간을 사용자가 자유롭게 공간 활용을 할 수 있게 되었습니다. 이는 건축물 외벽 뿐만 아니라 건축물 내부의 힘을 견디는 내력벽이 없어졌기에 가능해 졌습니다.

셋째, 자유로운 건물입면(파사드 facade)입니다. 돔-이노 시스템 이전에는 건물 외벽이 구조역할을 함으로써 외벽을 함부로 제거할 수 없었지만, 돔-이노 시스템을 건축에 적용시키면 외벽이 구조역할을 하지 않기 때문에 건축가의 의도에 따라 다양한 건물외관을 디자인할 수 있게 되었습니다.

넷째, 가로로 긴 창입니다. 자연을 동경했던 르 코르뷔지에는 집 내부에서도 밖의 자연 풍경을 늘 만끽하려 했습니다. 그러한 이유로 가로로 긴 창을 건축물 입면에 제시하여, 마치 긴 창문으로 보이는 주변 풍경이 살아있는 화폭처럼 보이도록 하였습니다.

마지막으로, 옥상정원입니다. 이 또한 자연을 좋아했던 르 코르뷔지에가 집 밖을 나가지 않더라도 집의 옥상에 녹지공간이 있다면 늘 자연과 함께 생활할 수 있도록 제안했습니다.

자연을 사랑하는 건축가 르 코르뷔지에와 관련하여 빼놓을 수 없는 건축요소가 있습니다. 그것은 바로 램프입니다. 르 코르뷔지에는 건축물 내부에 서로 다른 층들을 연결시켜주는 장치로 경사를 이용한 램프를 많이 사용하였습니다. 굳이 계단 이외에 램프를 제시하려는 그의 의도는 자연과 관련이 있습니다. 우리가 흔히 산책이라 하면 외부의 숲이나 공원과 같은 자연 속을 거니는 것을 떠올립니다. 이러한 산책을 르 코르뷔지에는 건물 안에서 하고 싶었습니다. 그래서 그는 램프를 이용하여 서로 다른 공간을 연결시켰으며, 이 공간을 이동하는 행위를 '건축적 산책(Architectural promenade)'이라고 매우 시적으로 표현하였습니다. 또한 '건축적 산책' 행위는 그가 제창한 근대건축 5원칙 중에 두 번째인 자유로운 평면과도 관련이 있습니다. 돔-이노 시스템의 결과, 벽이 없어진 건물의 내부 공간을 이동하는 행위도 그는 '건축적 산책'이라 설명하였습니다.

이렇듯 램프라는 인위적인 건축 요소를 통하여 건축물 안에서 산책이라는 자연적 행위를 제공하려 했던 르 코르뷔지에는 늘 자연적인 감성을 건축공간에 담으려고 노력하였습니다. 인간의 본성이 자연 속에 있을 때 가장 편안함을 느끼듯, 건축가 르 코르뷔지에는 인간과 자연을 먼저 생각하고 건축물을 설계하려 노력했습니다.

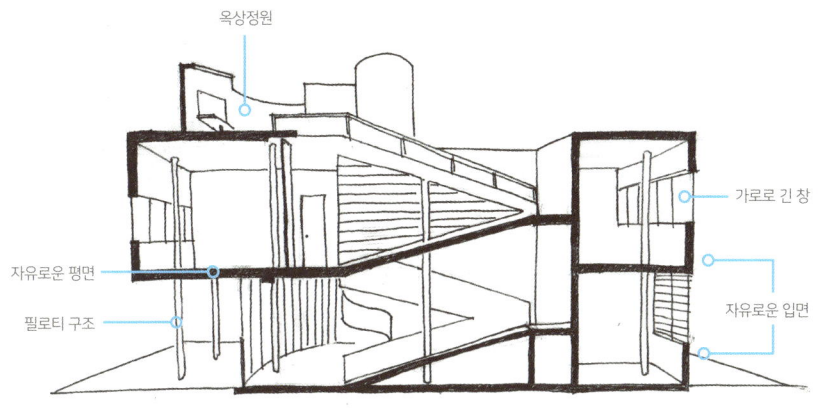

건축가 르 코르뷔지에의 근대건축 5원칙이 적용된 빌라 사보아

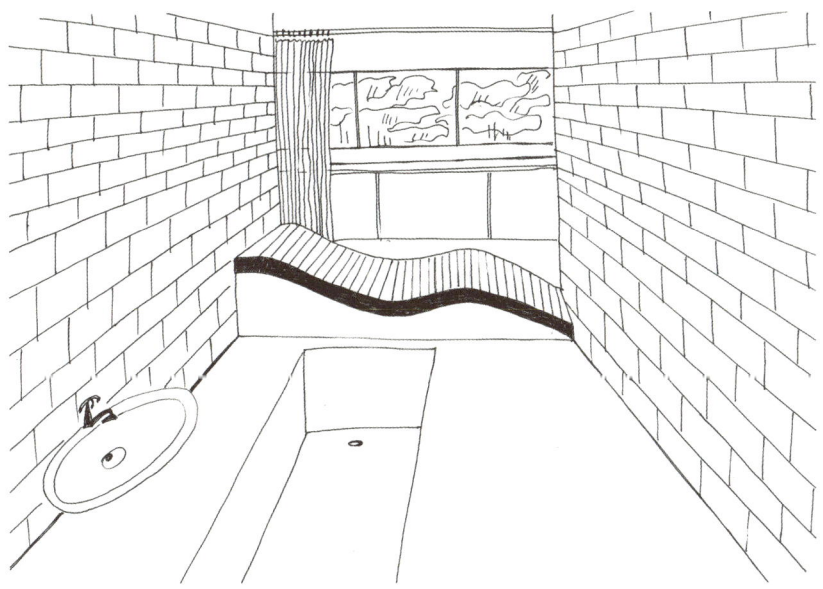

욕실과 거실 사이의 턱에 설계된 콘크리트 침대는 사람이 편히 누워 창문 밖의 풍경을 감상하길 원했던 세심한 건축가의 배려이다.

건축가로서 르 코르뷔지에의 모든 역량이 들어간 빌라 사보아는 근대건축의 이정표가 되었지만, 사실 주택의 용도에는 맞지 않았습니다. 사보아는 이 집을 자신의 노부모님이 살도록 친구인 르 코르뷔지에에게 의뢰를 하였습니다. 하지만 르 코르뷔지에는 사용자의 입장보다는 자신이 열정적으로 연구한 근대건축 5원칙을 적용시킬 목적으로 빌라 사보아를 설계하였습니다. 그 당시 신기술인 돔-이노 시스템을 실현시키기 위해 공사가 진행될수록 계획보다 예산이 더 초과되었고, 1층에서 2층으로 이동하기에 경사의 램프는 노인에게 '건축적 산책'이 아니라 무릎을 아프게 하는 쓸모없는 장치일 뿐이었습니다. 부족한 건설 기술력이나 적합한 재료의 부재로 옥상정원은 완전하게 공사가 되지 못하여 비가 오는 날이면 집안으로 빗물이 새어들어 왔고, 가로로 긴 창은 직사광선이 집안 내부로 여과 없이 들어오는 통로 역할을 하여 여름에는 집안 내부가 찜통과 같게 되었습니다. 이처럼 빌라 사보아는 르 꼬르뷔지에가 원했던 '건축주가 살기 위한 감수성이 깃든 기계(주택)'가 아닌 르 코르뷔지에 자신의 건축적 천재성을 남들이 보도록 하는 '상징적 건축물'이 되고 말았습니다.

3.2 프랑스

프랑스 수도 파리의
센(Seine) 강변 _ Paris, Banks of the Seine

프랑스 수도 파리를 관통하는 센(Seine)강과 그 주변의 세계문화유산들

프랑스의 수도인 파리(Paris)는 서유럽 국가들의 많은 도시 중에 가장 관광객들이 많이 찾는 곳으로 유명합니다. 파리를 흔히 낭만의 도시라 일컫는 만큼 파리 도시는 사계절 모두의 계절 특색에 따라 개성 있는 도시의 풍경을 지니고 있습니다. 특히 봄, 여름 그리고 가을의 푸른 하늘에 뭉게뭉게 떠 있는 구름을 보면 파리의 오르세 미

술관에 전시되어 있는 수많은 인상파 화가들의 작품들이 눈앞에 실제로 펼쳐지는 착각이 듭니다.

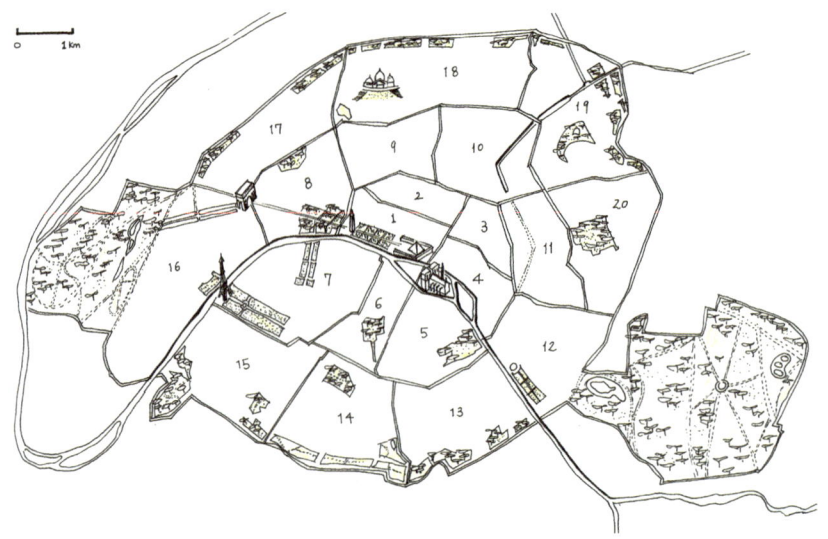

프랑스 수도 파리 도시의 구획 (1구에서 20구까지 분류)

우리나라 수도 서울의 중심에 한강이 흐르듯이 파리의 중심에도 센(Seine)강이 도시 중심을 지납니다. 센강의 자연요소를 중심으로 그 주변의 중요한 건축문화재들과 아름다운 도시전경은 1991년 유네스코 세계문화유산에 등재되었고, 센 강변의 아름다운 도시경관은 전 세계에서 볼 수 없는 파리 도시만이 가진 중요한 가치입니다.

우선 파리 도시의 크기는 105km², 우리나라 수도인 서울의 크기(605.5km²)에 비해 약 6배가 작습니다. 파리 도시를 '휴먼스케일'의 도시라 일컫는데, 이는 비교적 작은 도시의 장점인 걸으면서 이동이 가능하기 때문입니다. 또한 파리 도심 대부분의 건물들이 5~6층 높이로 일정한 점도 보행자들로 하여금 건물들 높이에 대한 위압감이 없도록 해 줍니다.

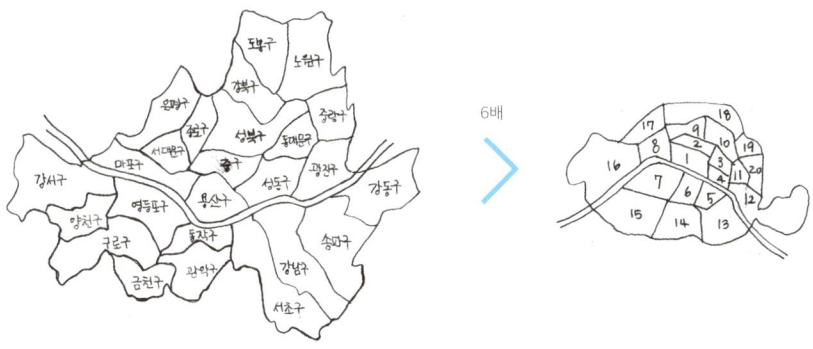

우리나라 수도 서울과 프랑스 수도 파리 도시의 면적 비교

우리나라의 수도 서울이 25개의 '구'들로 나뉘어져 있듯이, 파리 도시도 총 20개의 구역으로 이루어져 있습니다. 파리 중심부의 '1구'로 시작하여 시계모양의 소용돌이 방향의 번호순으로 구역이 나누어져서 가장 동쪽에 마지막 20구가 위치하고 있습니다.

센강 주변의 일반 건물들

파리 도시를 개조한 오스만 지사와 그를 풍자한 모습
(1870)

오늘날 파리 도시의 모습은 1800년대 중반 오스만 행정가에 의해 계획되어 현재까지 유지되고 있습니다. 이 오스만(Georges-Eugène Haussmann, 1809-1891)이라는 인물은 도시계획가나 건축가가 아닌 1853년 파리 지사인 행정가로서 20년 이상에 걸쳐 파리 도시를 계획하였습니다. 이 행정가에 의한 도시계획은 오늘날 파리가 전 세계적으로 유명한 도시가 되는데 엄청난 영향을 미쳤으며, 파리 도시에서 볼 수 있는 고풍스러운 건물들을 '오스만 양식'으로 명명할 만큼 프랑스에서 그의 인지도는 매우 높습니다.

1800년도 중반 오스만이라는 강력한 행정가가 파리 도시계획을 추진한 이유는 그 당시 매우 낙후된 도시환경이 원인이었습니다. 특히 1832년과 1849년에 각각 약 파리 시민 2만 명의 목숨을 앗아간 콜레라는 1850년 "비위생 주거 정비법"의 탄생 계기가 될 만큼 파리의 중요한 유행병이었습니다. 또한 그 당시 산업화의 영향으로 수도 파리로의 엄청난 인구유입은 심각한 주거부족현상과 환경오염의 문제를 유발했습니다. 이러한 시기에 당시 루이 나폴레옹 황제의 전폭적인 지지 하에 1853년 오스만이라는 인물이 파리지사로 취임하고 1853년부터 1870년까지 총 18년 동안 파리 도시를 개조하게 됩니다. 흥미로운 사실은 1800년대 중반 오스만 행정가가 계획한 도시의 모습이 오늘날까지 유지되고 있다는 사실입니다. 이러한 점에 있어서, 우리나라를 비롯한 신흥개발도상국가들이 개발이라는 명목을 앞세워 기존의 도시 및 건물들을 쉽게 없애고 새로운 것만 추구하는 점은 깊이 재고해 봐야하는 시사점을 제공합니다.

오늘날 파리 도시 내에서 쉽게 볼 수 있는 고풍스러운 건물들은 오스만 행정가의 계획으로 지어졌으며, 건물들은 일정한 규칙을 가지고 있습니다. 건물들의 높이는 12m에서 최대 20m이며, 현재는 건축물의 내부를 현대식으로 변경한 경우도 있지만, 파리 시는 그들의 엄격한 건축법규를 정하고 오래된 건축물의 외부에 변화가 없도록 규정하고 있습니다. 이러한 이유로 파리 도시는 "살아있는 박물관이다"라는 말을 들을 정도로 도시의 오래된 역사성을 간직하고 있습니다.

오스만에 의한 파리 도시계획 이전에는 파리 시의 건축물들이 대부분 5층으로 낮았습니다. 1845년에 그려진 〈5층 건물 안의 파리 시민의 일상〉의 삽화를 보면 그

<5층 건물 안의 파리 시민의 일상> (1845)

오스만 행정가에 의해 파리 도시가 계획되기 이전의 도시 내 건물유형

당시의 파리 시민들의 사회모습이 매우 잘 묘사되어 있습니다. 우선 건물은 5층으로 구성되어 있고, 각각의 층의 높이가 서로 다른 것을 알 수 있습니다. 매우 흥미로운 사실은 건물 각층의 높이에 따라 공간에 거주하는 사람의 사회석 신분 및 공산의 용도가 다르다는 짐입니다. 1층은 외부와 접하고 있기에 현관이 있고 부엌과 같은 건물의 부속공간이 위치하고 있습니다. 또한 건물을 관리하기 위한 관리실이 있는데, 삽화의 벽에 열쇠들이 나열되어 있는 것으로 공간의 용도를 알 수 있으며, 관리

실 안에서 피아노를 치는 사람과 한 쌍의 커플이 춤을 추고 있는 모습은 당시 평범한 파리 시민들의 모습을 유쾌하게 표현하고 있습니다. 2층과 3층은 건물주인의 공간이며, 특히 2층은 공간의 높이가 매우 높고, 우아한 실내 가구들이 배치되어 당시 부를 축적했던 파리의 부르주아(Bourgeois) 시민들의 모습을 잘 보여주고 있습니다. 3층은 2층의 거실공간보다는 다소 낮은 건물 높이로 집주인의 개인공간이며, 방 한쪽에 보모가 앉아 있고 한 쌍의 부부가 다수의 자녀들과 있는 풍족하고 여유로워 보이는 일상이 모습이 보입니다. 보통 높이의 4층 공간은 건물에 세 들어 사는 평범한 파리 시민들의 공간이며, 마지막으로 5층은 건물의 높이가 매우 낮은 공간으로서 화가와 같은 가난한 예술가, 낡은 우산을 받치고 있는 부랑자 그리고 여러 배고픈 자녀들을 달래고 있는 부부와 같은 극빈자들의 공간으로 묘사되어 있습니다.

이후, 1853년부터 1870년까지 총 18년 동안 오스만 행정가에 의해 파리 도시는 재정비되었고 오스만에 의해 계획된 건축물들은 일정한 규칙이 있었습니다. 1883년에 묘사된 〈멋진 상점들〉의 단면 삽화를 보면 '오스만 양식'의 대표적 건물형태를 보여주고 있습니다. 우선 첫째, 이전의 건물보다 층수가 많아졌습니다. 이는 파리 도시로 몰려드는 인구를 감당하기 위한 이유였습니다. 하지만 건물의 높이는 12m에서 최대 20m로 일정한 형태를 이루는 전체 건물들 사이에서 통일성을 유지하고 있습니다. 둘째, 획기적인 기술력이 건축물에 적용되었습니다. 그것은 다름 아닌 엘리베이터가 건물에 설치되기 시작했습니다. 참고로 세계 최초의 엘리베이터는 1854년

<멋진 상점들> (1883)

오스만 행정가에 의해 계획된 파리 시의 건물유형

미국 뉴욕 세계박람회에서 오티스(Elisha Otis)라는 인물에 의해 세상에 소개되었고, 1857년부터 엘리베이터를 보급하기 시작하였습니다. 건축물에서 엘리베이터는 건축사에 혁명을 가져왔습니다. 엘리베이터 발명 이전의 건축물은 거주자가 높은 층수에 관한 이동의 불편함으로 건물의 층수가 높아질 수 없었습니다. 하지만 엘리베이터의 보급으로 건물의 층수는 제한이 없어졌고, 이에 따라 현재 마천루라 불리는 초고층 건물이 우리 도시 안에 건설될 수 있었습니다. 그 결과, 점점 더 높은 건물들이 도시 안에 건설되면서 도시 전체의 스카이라인을 바꾸는 결과를 가져왔습니다. 흥미로운 사실은 현재 파리 도시는 이러한 초고층 건물들을 거부하고 1800년대 중반 오스만 행정가가 정해놓은 건축물의 높이, 즉 최대 20m를 아직도 유지하고 있는 사실입니다. 무제한적인 도시개발이 아닌, 도시의 역사성을 지키고 파리 도시의 개성을 간직하고자 하는 오늘날 파리 시민들과 프랑스 정치인들의 높은 시민의식의 결과라 하겠습니다.

21세기 현재, 파리 도시는 19세기 중반 오스만 행정가의 도시계획을 유지하고 있으나 낮은 건물들 사이에 인상적인 두 고층 건축물이 있습니다. 그 중에 한 건축물은 1889년 파리 국제박람회 개최를 기념하기 위하여 구스타프 에펠(Gustave Eiffel, 1832-1923)에 의해 지어진 '에펠탑'과 또 다른 고층 건축물은 1972년에 완공된 '몽파르나스 타워'라는 사무실 용도의 건축물이 있습니다.

에펠탑이 완공되었을 당시 파리 주변의 낮은 건축물에 비해 지나치게 높은 모습의 에펠탑을 대부분 파리 시

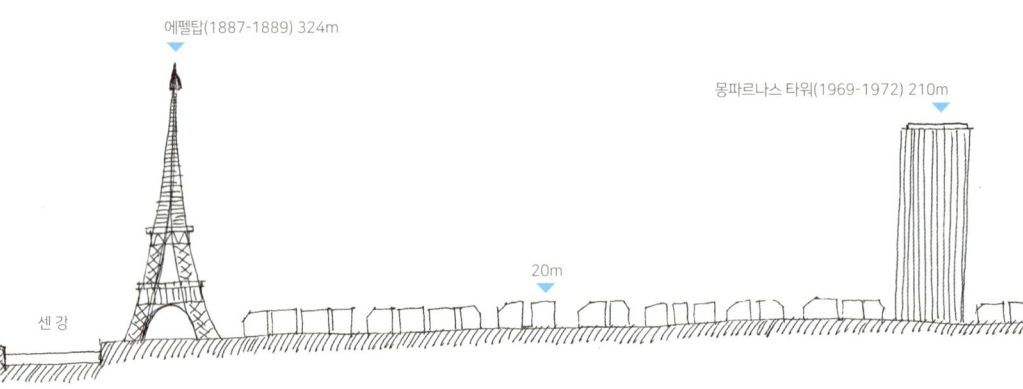

파리 시를 구성하는 대부분의 낮은 건축물들 속에서 에펠탑과 몽파르나스 타워만 고층 건축물이다.

민들은 무척 싫어했다고 합니다. 파리 도시의 전체적인 낮은 도시경관을 해친다는 이유에서 말입니다. 프랑스 출신의 유명한 염세주의 작가인 모파상(Guy de Maupassant, 1850-1893)도 에펠탑을 무척이나 싫어해서, 에펠탑을 되도록 보지 않기 위한 방법의 하나로 에펠탑 아래에 있는 식당을 자주 갔다고 합니다. 왜냐하면 에펠탑을 조금이라도 벗어나면 어디에서든지 그 모습을 볼 수밖에 없기 때문입니다. 이러한 높은 건축물을 싫어하는 파리 시민들의 취향은 여전히 계속되어 1970년대 초반에 지어진 몽파르나스 타워 건물도 파리 시민들이 가장 싫어하는 건축물에 꼭 들어가는 건물입니다.

에펠탑(Eiffel Tower)

구스타프 에펠
(Gustave Eiffel)

자유의 여신상
내부 구조를 계획

에펠탑은 1889년 파리 국제박람회 개최를 기념하기 위하여 건축구조 전문가인 구스타프 에펠(Gustave Eiffel, 1832-1923)에 의해 지어졌습니다. 국제박람회(Universal Exposition을 줄여 흔히 Expo라 명칭함)는 1851년 영국의 런던에서부터 시작되어, 우리나라는 1993년 대전 그리고 2012년 여수에서 두 번 개최하였습니다. 특히 1800년대 국제박람회는 전 세계적으로 매우 중요한 행사였습니다. 당시 선진국들은 본 행사를 통해서 자국의 영향력과 국력을 전 세계에 과시하고자 했습니다. 이러한 맥락으로 1889년 파리 시는 오늘날도 건설하기 힘든 300m가 넘는 고층 건축물을 철재라는 새로운 재료를 사용하여 완공시켜 그들의 건축기술력을 전 세계에 알리고자 했습니다. 혁신적인 건축기술력으로 300m가 넘는 초고층 건축물을 완공시킨 인물이 바로 에

어거스트 바톨디
(Auguste Bartholdi)

자유의 여신상 외형을 계획

펠이었고, 그의 위대한 업적을 기리고자 탑의 명칭에 그의 이름을 넣어 '에펠탑'이 완성되었습니다.

오늘날 파리 도시를 상징하는 에펠탑 이외에 위대한 구조기술 전문가 에펠의 또 다른 유명한 작품은 바로 미국에 있습니다. 1984년 세계문화유산에 등재된 미국 뉴욕에 있는 자유의 여신상도 에펠의 작품입니다. 자유의 여신상은 1886년에 미국의 독립기념 110주년을 기념하여 프랑스 국가가 자유의 여신상을 제작하여 미국에 선물한 것으로 총 93m 높이의 여신상 내부 구조는 에펠이 설계를 담당하였고, 여신상 외부를 제작한 사람은 조각가 겸 건축가인 어거스트 바톨디(Auguste Bartholdi, 1834-1904)였습니다.

프랑스 정부는 1886년 미국에 자유의 여신상을 선물로 보냈고, 이를 기념하기 위해 작지만 같은 모습의 자유의 여신상을 제작하였습니다. 현재 작은 자유의 여신상은 파리 도시의 센 강 서쪽에 위치한 그르넬(Grenelle) 다리 아래에서 볼 수 있으나, 그 크기가 미국의 자유의 여신상에 비해 매우 작아서 신경을 쓰지 않고 본다면 무심코 지나칠 가능성도 있습니다.

보통 국제박람회 이후에는 그와 관련된 시설물들은 행사 이후에 철거되는 것이 관행이었습니다. 에펠탑도 이러한 관행에 의해 철거당할 운명에 놓여있었고 1889년 파리국제박람회 이후에 급속하게 에펠탑 방문객 수가 줄어들어 관광 수익성이 현격하게 저하되자 에펠탑의 철거에 관한 의견이 분분하였습니다. 자신이 공들여 설계 및 제작한 탑이 철거 위기에 놓이자 에펠은 자신의 탑을 지키고자 대안을 제시하게 됩니다. 바로 그 대안은 에펠탑에 특별한 기능을 부여하는 것이었습니다. 에펠은 1889년에 탑 최상층에 기상관측을 위한 작은 전망대 설치 허가를 받아내어 프랑스의 기상관측을 위한 용도로 에펠탑이 꼭 필요하다고 주장하였고, 약 10년 후 1898년에는 전화송신장치를 설치하여 탑이 철거되는 것을 방지하였습니다. 이러한 에펠의 대안이 없었다면, 아마 현재 파리의 상징인 에펠탑은 존재하지 못했었을 것입니다. 구조 전문가이자 건축가였던 구스타프 에펠이 자신의 자식과도 같은 탑을 살리기 위해 1889년 탑이 완공된 이후 줄어드는 입장수익을 보전하기 위해 자신이 은퇴했던 1893년까지 입장수익의 부족한 일정 부분을 자신이 감당했다고 하니, 그가 얼마나 탑을 사랑했는지 알 수 있습니다.

파리 센(Seine)강 서쪽의 그르넬(Grenelle)다리 아래에 위치한 자유의 여신상

노트르담 성당(Cathédrale of Notre-Dame)

파리 센(Seine) 강 중심부의 시테(Cité) 섬에 위치한 노트르담 성당

　파리 센(Seine) 강 중심부에 위치한 시테(Cité) 섬 안에 노트르담 성당이 있습니다. 성당의 명칭인 '노트르담'은 '우리의 귀부인'이라는 프랑스어로서, 귀부인은 성모 마리아를 의미합니다. 노트르담 성당은 1163년 공사가 시작되어 1330년 완공되었고, 특히 1831년 세계적으로 유명한 빅토르 위고의 소설 '노트르담의 꼽추'의 배경입니다. 노트르담 성당은 특히 12세기 프랑스에서부터 시작된 고딕(Gothic) 건축양식의 대표적인 종교건축물로서 노트르담 성당 건물 자체만으로도 1991년 세계문화유산에 등재되었습니다.

고딕 건축양식의 특징은 첨탑을 대표로 하는 매우 수직적인 모습이 특징입니다. 건물이 수직형태로 높아짐에 따라 건물 지붕 및 외부의 벽을 버티게 하는 구조적 문제를 해결해야 할 필요성이 대두되었고, 이를 가능하게 하는 구조적인 해결방법인 플라잉 버트레스(Flying Buttress)라는 건축요소가 개발되었습니다. 플라잉 버트레스를 쉽게 이해하자면 건물을 옆에서 지지하는 장치로 생각하면 됩니다. 플라잉 버트레스 구조물은 고딕건축물의 외부에서 보이는 가장 특징적인 요소로서 건축물을 지탱하는 기능적인 역할을 할 뿐만 아니라 건축물의 아름다움도 표현하는 일석이조의 역할을 합니다.

고딕 건축양식의 대표적인 상징인
플라잉 버트레스(Flying Buttress)

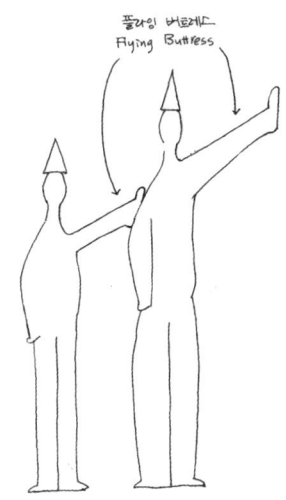

플라잉 버트레스(Flying Buttress)는 두 사람이
서로를 지지하는 팔로 비유할 수 있다.

건축물을 버티게 하는 건축구조로서 매우 중요한 플라잉 버트레스는 그 중요한 건축요소를 건물 외부에 직접 노출시킴으로써 '건축의 정직성'을 표현합니다. 이 '정직성'이라는 의미는 건축물에 필요한 요소들을 숨기지 않고 있는 그대로를 보여준다는 의미를 뜻하며, 이러한 플라잉버트레스 건축요소로 대표되는 '건축의 정직성'에 관한 생각은 현대 건축가들에게 영감을 주는 건축이론으로 발전되었습니다.

센(Seine)강 위의 여러 다리들 중에 가장 아름다운 다리로 손꼽히는 '예술의 다리(Pont des Arts)'에서 바라본 파리 도시의 전경. 중앙의 섬이 시테(Cité) 섬으로 그곳에 노트르담 성당이 있다.

3.2 프랑스

베르사유 궁전과 정원 _Palace and Park of Versailles

　베르사유 궁전과 그에 부속된 대정원은 프랑스의 수도인 파리 근교에 위치하고 있으며, 파리 시내에서 지하철로 쉽게 도착할 수 있습니다. 베르사유 궁전은 프랑스 왕조시대의 궁전으로 1600년 초에 루이 13세에 의해 처음 건물이 지어지기 시작하여 프랑스 역사상 가장 강력한 왕이었던 루이 14세가 1643년 왕좌에 오른 이후 50년간 건물 및 정원 공사를 통해 완공되었습니다.

정원 쪽에서 바라본 베르사유 궁전 전경

궁전 내부의 700여 개의 방 그리고 가로와 세로가 각각 3.4km, 2.3km인 정원의 규모로 보아, 당시 프랑스 왕권이 얼마나 강력했는가를 짐작할 수 있습니다. 이러한 프랑스 왕권시대의 화려하고 웅장한 건축기술과 조경 설계의 가치를 인정받아 세계문화유산이 지정되기 시작한 해인 1979년 베르사유 궁전과 정원은 유네스코 세계문화유산에 등재되었습니다.

베르사유 궁전이 탄생하게 된 계기는 1624년 루이 13세가 파리 근교로 그의 취미였던 사냥을 나갔다가 잠시 쉴 공간이 필요하여 작은 거처를 마련한 것이 시작이었습니다. 이후 건축물은 왕이 머물기 위해 점점 더 규모가 커지게 되었고, 자신을 태양처럼 높은 위치에 있다고 표현한 태양왕 루이 14세(1638-1715)의 재임 기간에 베르사유 궁전은 오늘날 일반인들이 볼 수 있는 완전체의 모습을 갖추게 됩니다. 특히 1684년 베르사유 궁전의 가장 아름다운 공간인 '유리의 방'이 기존에 외부 테라스 공간을 개조하여 완공되었습니다. 이 공간은 유리의 방이라는 공간 명칭이 의미하듯, 긴 갤러리와 같은 공간의 양 옆을 모두 유리를 배치하였고 천장의 아름다운 그림 장식과 보석처럼 빛나는 크리스털 재료들로 만들어진 샹들리에 그리고 금박으로 장식된 가구들과 어울려 극도로 화려한 공간을 연출하고 있습니다. 유리의 방은 각국 대사들의 접대나 중요한 행사장으로 사용되어 강력하고 화려한 프랑스 왕조의 위엄을 나타내는 정치적 역할뿐만 아니라, 당시 이탈리아에서만 독점으로 공급되던 유리의 생산으로부터 프랑스 산업을 보호하고 프랑스 산업의 경쟁력 강화를 위해 유리의 방 내부의 모든 유리는 자국에

태양왕 루이 14세

베르사유 궁전 내부의 여러 공간들 중에서도 압도적인 아름다움을 자랑하는 '유리의 방'

서 생산된 제품을 사용하였습니다. 이후 루이 15세는 베르사유 궁전 내부를 작은 공간들로 만들어 좀 더 사생활이 보호되는 사교의 공간들을 만들었고, 무엇보다도 유럽에서 가장 아름다운 오페라 극장 중에 하나인 왕실 오페라 극장을 1770년에 신축하였습니다.

베르사유 궁전의 가장 화려한 공간인 유리의 방

루이 16세

베르사유 궁전의 마지막 왕실 주인인 루이 16세는 그의 부인 마리 앙투와네트와 함께 1789년 7월 14일 프랑스 역사상 가장 중요한 사건인 '프랑스 대혁명'에 의해 왕권을 잃을 뿐만 아니라 1793년에는 자신의 부인과 함께 단두대에 처형되는 비극을 당합니다. 이로써 프랑스는 왕실국가가 아닌 시민혁명에 의한 공화국 체제로 전환되는 프랑스 역사의 대전환기를 맞게 되고, 이 역사적 사건을 우리는 '프랑스 대혁명'이라고 부릅니다. 프랑스 대혁명은 오늘날 전 세계에 민주주의 사상이 태동하는데 중요한 역할을 하였습니다.

1799년 '내 사전엔 불가능이란 없다'라는 표현으로 유명한 나폴레옹은 프랑스 제1제국의 황제로서 베르사유 궁전에 입성하게 됩니다. 베르사유 궁전의 주인이 된 나폴레옹은 태양왕 루이14세가 베르사유 정원에서 휴식을 취하고자 설계한 부속건물인 '그랑 트리아농(Grand Trianon)'을 자신의 취향에 맞게 개조를 합니다. 현재 이 건물은 단층으로 주변의 아름다운 정원과 함께 아늑한 공간으로 유명하여 프랑스를 방문하는 국빈들의 숙소 공간으로 자주 사용됩니다. '그랑 트리아농' 건물 근처에 '프티 트리아농(Petit Trianon)' 건물은 루이 15세의 요양소로 건설되었고, 이후 루이 16세가 자신의 부인인 마리 앙투아네트에게 선물로 증정하였습니다.

마리 앙투아네트

1832년 프랑스 국민의 왕으로 재위한 루이 필립은 베르사유 궁전의 일부를 전쟁박물관으로 개조하여 그 동안 황실들만의 공간이었던 베르사유 궁전을 일반 시민들이 접근 가능한 공공시설로 개방했습니다.

베르사유 궁전의 서쪽에는 광활한 크기의 정원이 있습니다. 정원의 크기는 약 6,700,000m^2로 서울 상암동 월드컵 경기장이 130개 이상 들어갈 수 있는 대규모 정원으로 방문자들은 그 크기에 압도됩니다. 베르사유 정원은 태양왕 루이 14세 재임기간인 1668년에 완성되었고 정원을 설계한 사람은 앙드레 르 노트르(André Le

Nôtre)라는 인물로, 현재 파리 중심부에 위치한 루브르 박물관 앞의 '뛸르리(Tuillerie) 정원'도 설계한 당시 왕실에서 총애한 능력 있는 조경설계 전문가입니다.

　베르사유 궁전의 중심 축에서 뻗어난 직선을 중심으로 베르사유 정원은 다양한 분수, 광장들 그리고 인공호수와 대규모의 녹지공간으로 구성되어 있습니다. 특히 직선, 원, 사각형들의 도형을 사용하여 인위적으로 디자인된 정원이 베르사유 정원의 특징이며, 이는 자연조차도 제어가 가능하다고 여겼던 당시의 강력한 왕권을 상징하고 있습니다.

　마리 앙뚜와네트 왕비가 즐겨 찾았던 베르사유 궁전의 부속건물인 프티 트리아농 건물 근처에는 인공적으로 재단되지 않은 듯한 자연스러운 모습의 정원에 있습니다. 프랑스식의 인공적으로 계획된 정원의 모습과 전혀 다른 자연스러운 형태의 정원모습은 당시 영국에서 유행했던 정원양식으로서 시골의 유유자적하고 자연스러운 형태의 정원이 특징입니다. 이는 오스트리아 왕녀로 마리 앙투아네트가 14세라는 매우 어린 나이에 프랑스 왕인 루이 16세와 정략결혼을 하고 답답한 프랑스 왕실의 삶에 지칠 때 그녀가 편히 쉬고 싶었던 의도 때문이 아닐까 생각됩니다.

　베르사유 정원의 중심에는 십자가 형태의 인공호수가 배치되어 있습니다. 특히 궁전의 중심 축으로부터 쭉 뻗어 나간 직선형태의 호수의 양 끝부분과 중심부분에 원형 형태의 호수가 있는데 건물로부터 멀어질수록 그 크기가 점점 커지고 있습니다. 이처럼 건물에서 멀어질수록 원형 호수의 크기를 점점 크게 한 이유는 관찰자가 궁전 내부에서 약 2km 길이에 배치된 호수들을 보았을 때, 원근효과에 의해 멀리 있는 호수가 점처럼 보이는 효과를 없애고, 최대한 같은 크기의 호수처럼 보이게 하려고 했기 때문입니다.

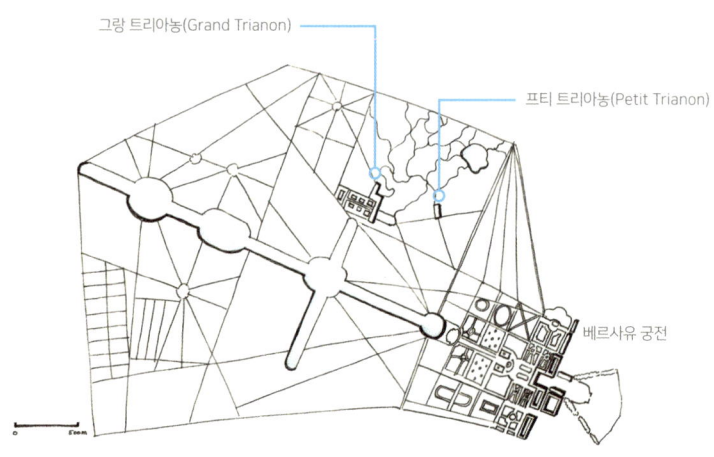

남북 방향으로 약 3.5km 길이의 축구장 130개 이상 수용이 가능한 대규모의 베르사유 정원

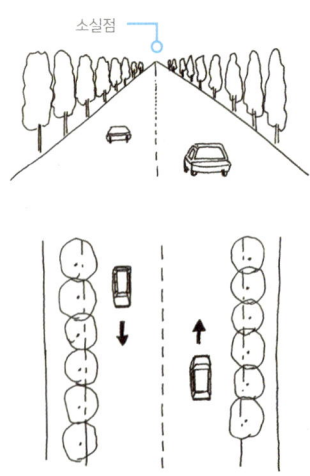

평행한 길에 서서 끝부분을 볼 때 길은 점점 좁아져서 마침내 한 점에 다다른다.

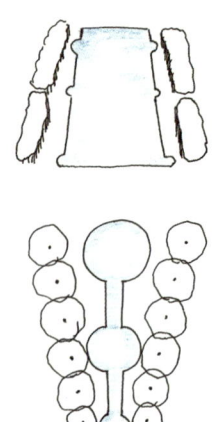

베르사유 궁전 안에서 정원의 인공호수를 보았을 때 최대한 평행하게 보이도록 건물에서 멀어질수록 점점 원형 호수를 크게 하여 배치하였다.

3.3 영국

바스 도시 _City of Bath

영국의 바스(Bath) 도시는 영국의 수도인 런던에서 서쪽으로 150km 떨어져 있는 도시입니다. 바스 도시는 우리나라의 경주시처럼 도시 전체가 1987년 유네스코 세계문화유산에 등재되었습니다. 영어로 욕실을 의미하는

바스 도시(City of Bath)는 로마시대에 온천으로 사용된 유적지를 복원하였다.

Bathroom의 어원이 바로 '바스(Bath)' 도시에서 만들어졌는데, 이는 로마시대에 개발된 온천이 유명하기 때문입니다. 이처럼 바스 도시는 온천이라는 자연조건과 더불어 신고전주의 양식이라는 특별한 건축양식에 의해 도시 전체가 계획되었고, 이러한 바스 도시만이 가지고 있는 도시 생성 역사는 세계문화유산에 등재될 만한 충분한 가치가 있습니다.

바스 도시의 기원은 약 43년경 고대 로마인들이 영국을 점령하였을 때 온천을 개발한 것에서 시작됩니다. 바스 도시에는 소중한 자연자원인 용출온도 45℃인 3개의 온천이 존재하고, 온천욕을 중요하게 여겼던 고대 로마인들은 바스 도시의 온천을 개발하여 75년까지 사용하였습니다. 이후 바스 온천은 사용되지 않다가 19세기에 우연히 바스 도시의 로마 유적을 발굴하면서 고대 온천을 발견하였고, 현재는 당시의 로마 온천으로 복원하여 많은 관광객들이 방문하는 관광명소가 되었습니다.

오늘날 바스 도시가 세계문화유산 도시로 탄생할 수 있었던 가장 큰 원동력은 로마인으로부터 시작됩니다. 로마인들이 자신의 나라에 있는 온천 목욕을 하지 않고 무슨 이유로 굳이 로마에서부터 거리가 떨어진 영국의 바스 도시에 까지 와서 온천을 개발했는지, 당시 고대 로마인들에 대해서 우선 살펴보아야 세계문화유산으로서 바스 도시의 가치를 잘 이해할 수 있을 것입니다.

로마인들이 세운 고대 로마제국은 고대 로마를 포함하여 기원전 753년부터 1453년까지 약 2200년 이상 서유럽 지역과 아프리카 그리고 중동지역에 걸친 대영토를 지배했습니다. 이처럼 광대한 로마제국의 지배에 속해있

로마제국이 지배했던 영토

오늘날 스페인인 에스파냐 그리고 프랑스인 갈리아를 포함한 서유럽 지역과 그리스, 터키, 이란, 이집트로 대표되는 중동과 아프리카 지역이었다.

었던 영국의 바스 도시도 로마제국에 의해 개발되기 시작되었습니다. 이탈리아의 작은 도시인 로마를 거점으로 로마제국이 그 방대한 지역을 지배할 수 있었던 이유는 호전적인 로마인들의 기질뿐만 아니라 전쟁에 유리한 환경조건을 갖추고 있었기 때문입니다. 그 전쟁에 유리한 환경조건이라 함은 바로 그물망처럼 잘 엮여있는 도로망을 의미합니다. 일본의 유명한 역사학자 시오노 나나미가 쓴 열 번째 책인 '로마인 이야기'의 부제목이기도 하며, 로마를 언급할 때 자주 인용되는 '모든 길은 로마로 통한다.'의 어구가 잘 발달된 로마인들의 도로망을 설명하고 있습니다. 로마인들이 대제국을 점령하기 위해서 제일 처음 한 일이 점령하고자 하는 국가를 향하여 길을 내는 것이었습니다. 길과 같은 국가 기반산업을 의미하는 영어단어인 'Infrastructure'가 로마시대의 언어인 라틴어 'Infra' 즉, '하부 또는 제반'에서 그 뿌리를 두는 것으로 보아 로마인들에게 길은 국가의 가장 중요한 기본요소임을 알 수 있습니다. 오늘날에는 아스팔트로 잘 포장된 도로의 덕분으로 자동차나 보행자들의 이동이 매우 편리하지만 기원전에는 별다른 장치가 없는 흙 위를 이동했기에 만일 비만 왔다 하면 길은 진흙 상태가 되어 마치 바닷가의 뻘과 같이 되었을 것입니다. 우리가 썰물일 때 바닷가의 뻘을 걸어본 경험이 있다면 그 위를 걷는 것이 얼마나 힘든지 잘 압니다. 이처럼 아무 장치가 없는 순수한 흙길은 자연조건의 영향을 크게 받습니다. 특히 전쟁기간에는 제 시간에 맞춰 빠른 물자 수송 및 군인의 이동이 가장 중요한데 만약 비가 내려 진흙이 되어버린 도로 위를 걷는다고 가정한다면 군인들은 전쟁 전에 그들의 발목을 진흙으로부터 빼내느냐 이미 지쳐버리고, 물건을 나르는 수레의 바퀴는 진흙에서 꼼작하지 못하게 될 것입니다. 이러한 포장된 길의 중요성을 간파한 로마인들은 오늘날 아스팔트와 비교해도 전혀 손색이 없는 석재를 사용한 현대식 길을 개발하였고, 이 발달된 길을 통해서 비교적 적은 수의 로마군대는 전 지역으로 빠르게 이동할 수 있었습니다. 로마시대에 만들어진 포장된 길은 2000년 이상 시간이 지난 현재에도 유럽 전 지역에서 잘 그 기능을 발휘하고 있으니 로마인들의 뛰어난 도로기술력에 경탄을 금하지 않을 수 없습니다.

기원전 3세기에 세계를 지배했던 두 제국이 있습니다. 하나는 유럽 중심의 로마제국이며 또 다른 하나는 아시아 중심의 중국 진나라입니다. 두 제국은 모두 국가의 가장 중요한 요소인 '인프라스트럭쳐(Infrastructure)'를 개발했는데, 흥미로운 사실은 서로 다른 형식으로 각각 인프라스트럭쳐를 개발했다는 점입니다. 로마제국은 위에서 설명했듯이 물자나 인원의 원활한 수송을 위한 수평적 길을 배치한 반면에, 중국의 진나라는 시황제 때부터 수직적 형태의 길 즉, 1987년 유네스코 세계문화유산에 등재된 만리장성을 쌓기 시작했습니다. 로마제국과 진나라 모두 광대한 영토를 다스린 제국임에 틀림없지만 호전적이고 전쟁에 자신 있었던 로마제국은 적극적으로 영토 확장을 위해 선재공격을 위한 수평적인 길을 만든 반면에 진나라는 공격성 보다는 방어에 중점을 둔 수직적인 성벽을 쌓았습니다. 이처럼 두 제국들 서로가 개발한 인프라스트럭쳐를 통해 그들의 국가관을 알 수 있다는 사실이 매우 흥미롭습니다.

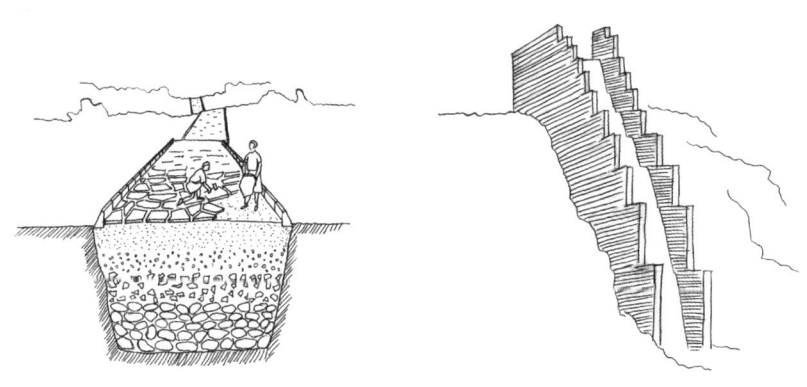

유럽 로마제국의 수평의 길과 아시아 중국 진나라의 수직형태의 길

기원전 312년 로마인들은 최초 포장인 아피아 가도(Via Appia)를 건설하였고, 기원전 222년 중국 진나라 시황제는 만리장성을 건설하기 시작했다.

로마인들이 개발한 길은 전쟁에서 이기기 위함도 있지만 그 길로 인해서 점령지역이 발전되는 긍정적 효과도 가져왔습니다. 로마제국은 인체의 혈관과 같이 잘 발달된 길을 통하여 로마로 집중화된 도시발전에서 벗어나 점령지역의 균형발전을 유도하고자 했습니다. 로마인들은 점령지역을 힘으로 제압하려는 것이 아니라 타국 시민들도 자신들과 같이 동일화 하고자 하는 정치적 의도를 가지고 있었습니다. 이를 실현하기 위해 잘 발달된 길을 만들어 지방도시의 물물교환을 활발하게 하고 그로 인해 도시가 발전하여 지배시민들의 불만이 없도록 하였습니다. 이러한 사실에 부합하는 구체적인 사례가 영국의 바스 도시입니다. 잘 발달된 도로로 인하여 유럽 전 지역과 바스 도시는 연결되었고, 특히 바스가 가진 천혜의 관광자원인 온천을 활용하여 바스 도시는 특화발전 하였습니다.

로마인들은 사람들과 물품의 이동을 원활하게 하는 것 뿐만 아니라 물의 이동도 매우 중요하게 생각했습니다. 인간이 살아감에 있어 물은 꼭 필요하기 때문입니다. 이러한 이유로 로마인들은 길 뿐만 아니라 물이 다니는 길인 수도(水道)도 개발했습니다. 원활한 물 공급을 위해 도시 안으로 상하수도망이 구축되었고 현재까지도 잘 활용되는 지상의 길 뿐만 아니라 로마시대에 구축된 수도망도 오늘날 유럽 대도시 안의 야외분수에 물을 잘 제공하고 있습니다.

오늘날 유럽 도시안의 납작한 석재 도로를 걷거나 자동차로 운전할 때 느끼는 어려움은 그 거리가 2천년 이전의 로마인들의 엄청난 과학 기술력으로 탄생한 사실을 감안한다면 그 정도의 불편함은 거뜬히 감내할 수 있습니다. 그 오랜 시간을 유지할 수 있는 로마인들의 인프라에 대한 기술력, 인프라 덕분에 여러 사람들의 삶이 나아졌다는 긍정적인 효과 그리고 인프라로서 가장 중요한 목적인 기능을 충족할 뿐만 아니라 외적인 아름다움까지 추구한 로마인들의 탁월한 심미안이 위대한 로마제국을 역사에 남도록 한 원동력이라 생각됩니다. 불어에서 토목공사의 인프라를 의미하는 단어는 'Ouvrage d'art'입니다. 우리는 토목공사라 하면 단순히 기능에 적합한 콘크리트 덩어리의 제반시설을 떠올리지만, 유럽지역의 국가에서는 'Ouvrage d'art' 즉, 불어를 글자 그대로 직역한 '예술의 집합(총체)'이 의미하듯 도시의 필요한 인프라는 당연히 그 기능적 목적을 충족해야 하지만 우리 일상 속에 늘 존재하는 인프라들이 도시적 차원에서 '예술적 작품'과 같은 요소로 도시경관을 구축해야 한다고 항상 생각해 오고 있습니다. 이러한 관점에서 도시의 인프라를 단순히 토목공사로 생각하는 우리의 인식이 2천 년 전 로마인들이 생각한 인프라에 비해 얼마나 열악한지 처절하게 느끼게 됩니다.

로마시대 건설된 프랑스 '님(Nimes)'도시의 수도(水道)

대한민국 지상철 인프라 (2013)

고대 로마인들에 의해 잘 구축된 도로망은 바스 도시를 발전시켰습니다. 특히 온천욕을 좋아했던 로마인들에게 천연 온천이 나오는 바스 도시는 가장 선호하는 도시 중에 한 곳이었을 것이라 생각됩니다. 로마인들이 온천욕을 좋아했던 이유는 당시 청결하지 못한 주변 환경으로 인해 자주 생겼던 피부병을 온천욕이 완화시켜 준다는 믿음과 의료부분에 있어서 예방의학을 중요하게 생각하여 아프기 전에 온천욕을 통해 몸 상태를 좋게 하려고 했기 때문입니다. 도시가 개발되면 그 개발에 참여하는 많은 사람들에 의해 점점 더 도시가 발전됩니다. 온천으로 유명해진 바스 도시도 점점 발전되어 유럽 최고의 온천 휴양도시가 되었습니다.

로마인들이 바스 도시에 만들었던 온천에 더운 물을 공급하기 위해 만든 시설

물을 담고 있는 바닥 아래에 구들장을 놓아 공간을 만들고, 그 공간에 더운 공기를 통과시켰다. 우리나라의 온돌방 아래에 구들장을 놓는 것과 같은 점이 흥미롭다.

건축가 안드레아 팔라디오
(Andrea Palladio)

고대 로마인들에 의해 개발되기 시작한 바스 도시는 18세기 조지 3세에 의해 완벽한 도시의 모습을 갖추게 됩니다. 특히 도시 전체가 신고전주의 건축양식이라 불리는 '팔라디오(Palladio)' 건축양식으로 계획되었는데, 이러한 특정 건축양식으로 도시 전체가 만들어진 사례는 바스 도시가 전 세계에서 유일합니다.

팔라디오 건축양식은 16세기 후반에 활동한 위대한 건축가인 이탈리아 출신의 '안드레아 팔라디오(Andrea Palladio, 1508-1580)' 건축가가 제안한 디자인 방법을 의미합니다. 건축가로서 그 영향력이 얼마나 대단한가는 건축물을 디자인하는 방법에 그의 이름의 성 '팔라디오(Palladio)'를 붙인 것으로 알 수 있습니다. 신고전주의라고도 불리는 팔라디오 건축양식의 특징은 고대 건축물에서 볼 수 있는 명확성, 완벽한 대칭적 요소들과 고전적 형태의 장식입니다. 특히 고대 그리스 건축에서 볼 수 있는 기둥들을 건물 전면부에 장식처럼 배치하는 점이 팔라디오 건축양식의 가장 큰 특징입니다. 팔라디오 건축양식의 상징이라 할 수 있는 고대 그리스 건축의 기둥형태는 총 세 가지로 나뉩니다. 각각의 기둥들은 기둥의 머리라 불리는 '주두(株頭)'의 모습과 기둥의 두께가 다르며, 각각의 기둥들이 널리 사용된 이탈리아 지방 도시의 이름을 붙였습니다.

고대 그리스 건축의 첫 번째 기둥양식은 '도리아(Doric)식'입니다. 도리아식 기둥은 기둥의 주두부분에 장식이 없고 단순하며, 기둥 두께가 두껍고 무게감이 있는 육중한 점이 특징입니다. 이러한 단순하고 다소 근엄한 모습의 도리아식 기둥은 흔히 남성적인 느낌이 난

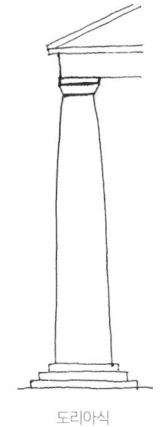

도리아식

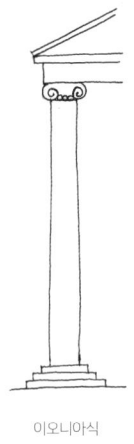

이오니아식

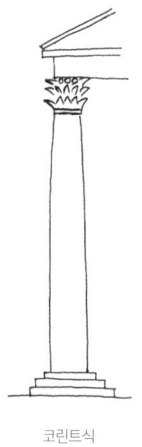

코린트식

다고 표현합니다. 두 번째 고대 그리스 건축 기둥양식은 '이오니아(Ionic)식'입니다. 이오니아식 기둥은 주두부분에 좌우대칭의 소용돌이 또는 양의 뿔 모양을 가지며, 기둥은 가늘고 긴 것이 특징입니다. 도리아식 기둥이 남성적인 느낌을 가진다면 이오니아식 기둥은 유선적 아름다움을 가진 여성적인 느낌이 듭니다. 마지막 그리스 건축 기둥양식은 '코린트(Corinthian)식'입니다. 코린트식 기둥은 이오니아식 기둥에서 발전되었으며 주두부분에 꽃이나 나무줄기의 모습을 형상화한 것이 특징으로 전체적으로 매우 화려한 느낌을 줍니다.

    이러한 팔라디오 건축양식이라는 특정 건축설계방법으로 바스 도시는 계획되었고 도시를 구체적으로 만드는데 중요한 세 인물이 있었습니다. 우선 도시를 디자인한 건축가 존 우드 1세(John Wood I)와 도시 개발에 있어서 금전적으로 지원을 한 사업가이자 건축물의 재료를 공급한 채석장 주인인 랄프 앨런(Ralph Allen) 그리고 오늘날 각 도시의 축제 및 각종 행사와 같은 프로그램을 개발한 사교계의 인사 리처드 보 내쉬(Richard Beau Nash)가 바스 도시를 건축과 자연이 조화를 이루는 유럽에서 가장 아름다운 도시 중에 하나로 설계했습니다. 특히 리처드 보 내쉬는 바스 도시를 온천 이라는 특정 주제로 내세워 귀족들과 부유한 상인들의 사교의 장이 되도록 계획했습니다.

    바스 도시는 도시 전체도 아름답지만 특히, 두 건축물이 외관적 아름다움 뿐만 아니라 건축 역사적 측면에서도 탁월한 가치를 가지고 있는데 하나는 '서커스(The Circus)'이고 또 다른 하나는 '로얄 크레센트(Royal

Crescent)'입니다.

'서커스(The Circus)'는 1754년에서 1768년에 걸쳐 건축가 존 우드에 의해 건설된 원형광장 및 그 광장을 둘러싼 집합주거 건축물입니다. 팔라디오 건축양식의 특징인 원형이라는 좌우 대칭의 도형을 기초로 그 원 길이를 정확히 세 부분으로 나눕니다. 곡선 형태의 세 부분들은 집합주거를 이루며, 그 중심에는 큰 나무가 있는 원형의 녹지공간이 있습니다. 원형의 건축물을 나누고 있는 각 세 개의 도로들은 건축물의 중심인 원형 녹지공간으로 향하고 있어서 방문자가 어느 길로 들어와도 고대 건축기둥들로 장식된 건축물의 정면을 바라보도록 설계되었습니다. 이러한 설계방법은 어느 방향에서 접근하든 모든 방문자들이 팔라디오 건축양식의 가장 중요한 디자인 요소인 고대 그리스 건축기둥을 반드시 보도록 만든 건축가 존 우드의 강한 의도가 반영되었습니다.

두 번째 중요한 바스 도시의 건축물은 '로얄 크레센트(Royal Crescent)'입니다. 본 건축물은 초승달 모양으로 배치된 30호의 집합주택 건축물이며, 건축물 앞에는 큰 잔디광장이 넓게 펼쳐져 있습니다. 로얄 크레센트는 1767년에서 1774년에 걸쳐 건설되었고, 건축가 존 우드I세의 아들인 존 우드II가 설계했습니다. 로얄 크레센트 집합주거 건축물은 바스 도시의 여러 건축물들 중에서도 팔라디오 건축양식을 대표하는 최고의 건축물로 뽑힙니다. 좌우 대칭인 반 원 형태로 건축물이 배치되었고, 3층 높이의 건축물의 정면에는 이오니아 기둥을 부착하여 팔라디오 건축양식이 적용되었음을 명확하게 보여주고 있습니다.

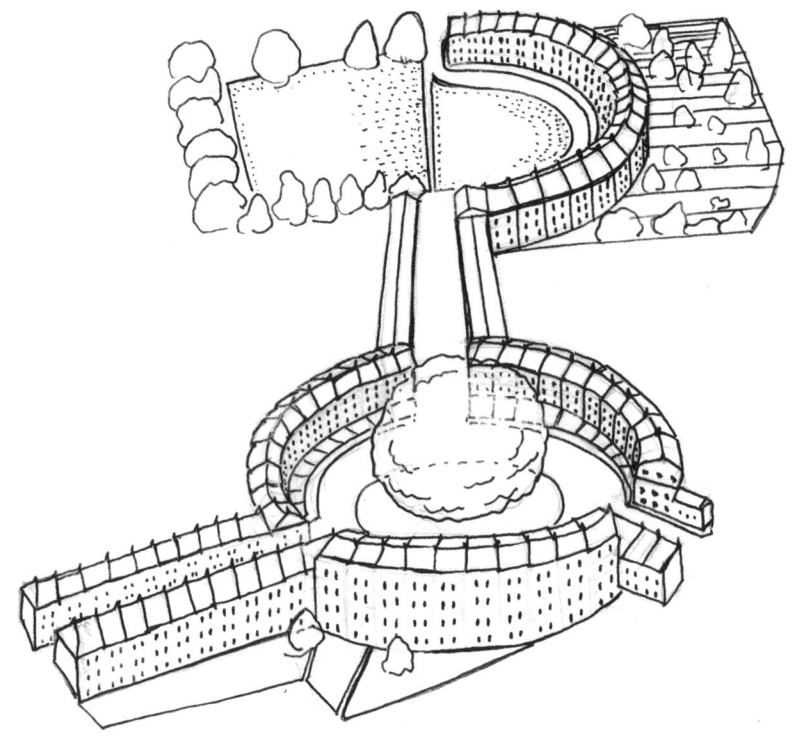

초승달 모양의 집합주택 '로얄 크레센트(Royal Crescent)'와 원형 모양의 집합주택 '서커스(The Circus)'

3.4 네덜란드

슈뢰더 하우스 _Schröder House

건축가 게리트 리트벨트
(Gerrit Thomas Rietveld)

슈뢰더 하우스(Schröder House)는 네덜란드 유트랙(Utrecht) 도시에 지어진 주택건축물로서 건축가 게리트 리트벨트(Gerrit Thomas Rietveld, 1888-1964)에 의해 1924년에 완공되었습니다. 이 비교적 작은 규모의 주택은 20세기 초의 현대사회에 대한 새로운 예술 문화 지평을 열었다는 가치를 인정받아 2000년 유네스코 세계문화유산에 등재되었습니다.

슈뢰더 하우스(Schröder House)

네덜란드 유트랙(Utrecht) 도시에 있는 슈뢰더 하우스는 주변의 전통건축물들과 대비되는 개성적인 외관의 모습으로 도시에 활력을 불어넣고 있다.

주택의 이름에서 예상할 수 있듯이 슈뢰너 하우스의 건축주이자 주인은 슈뢰더 부인(Truus Schröder-Schröder, 1889-1985)입니다. 오늘날 세계문화유산이라는 전 세계의 보물로서 슈뢰더 하우스가 탄생하는 데에는 건축주 슈뢰더 부인의 역할이 매우 중요했고, 건축주인 그녀와 건축주의 의도를 잘 알고 있던 건축가 게리트 리트벨트가 서로 합심하였기에 슈뢰더 하우스가 완성될 수 있었습니다.

슈뢰더 부인
(Truss Schröder-Schröder)

슈뢰더 부인은 사업가인 아버지를 둔 부유한 가정에서 자랐는데, 그녀가 4살 때 어머니는 사망합니다. 2년 이후 아버지는 재혼을 하고 그녀는 새 가정이 아닌 수도원의 기숙학교에서 생활을 합니다. 이후 제약공부를 하다가 직업이 변호사인 남편과 결혼하여 아들 한 명과 두 딸을 둡니다. 이처럼 슈뢰더 부인은 자의 또는 타의에 의해서 어렸을 때부터 매우 독립적인 여성으로 자랐으며 특히 예술분야에 관심이 많았습니다.

결혼 생활 중에서도 독립적 성격의 슈뢰더 부인은 살고 있는 집 안에 자신만의 공간이 필요했습니다. 그 공간의 내부 디자인을 당시 건축 설계 뿐만 아니라 예술 활동을 했던 게리트 리트벨트에게 맡깁니다. 이후 슈뢰더 부인과 게리트 리트벨트는 꾸준하게 예술적 교류를 하게 됩니다.

30대 중반에 슈뢰더 부인은 미망인이 되고, 자신의 세 자녀와 함께 살 주택을 찾게 됩니다. 생각이 자유롭고 독립적인 여성인 슈뢰더 부인은 자신이 살 주택이 기존의 평범한 주택이 아니라 새로운 주거문화를 제시함과 동시에 인간과 함께 건축이 공존하는 하나의 살아있는 예술작품이 되길 원했습니다. 바로 그녀의 꿈을 이뤄줄 수 있는 건축가는 그녀가 신뢰하는 게리트 리트벨트였고, 건축과 예술을 아우르는 건축가 겸 예술가인 게리트 리트벨트는 바로 그 임무에 적임자였습니다.

드디어 1924년 슈뢰더 하우스는 완공이 되었습니다.

슈뢰더 하우스를 통해 슈뢰더 부인과 게리트 리트벨트는 건축주과 건축가의 관계에서 서로 사랑하는 연인 사이가 됩니다. 두 사람은 여러 다양한 예술 활동을 함께 하면서 행복한 시간을 보냈고, 게리트 리트벨트가 세상을 뜨는 순간까지 슈뢰더 부인이 그의 곁을 지켰습니다.

1900년대 초에 독립적이고 신여성이었던 슈뢰더 부인과 그 꿈이 실현되도록 도왔던 게리트 리트벨트가 생각한 기존의 주택과는 전혀 다른 새로운 형식의 슈뢰더 하우스는 당시 유행했던 예술사조에 의해 완성되었습니다. 그 예술사조는 '데 스틸(De Stijl)'로서 그 단어의 의미는 네덜란드어로 '양식'을 의미하고 당시, '신 조형주의(Neo Plasticism)' 양식도 데 스틸과 같은 예술의 목표를 추구했습니다. 바로 데 스틸 예술사조의 대표적인 활동 작가가 게리트 리트벨트였고, 신 조형주의 사조의 대표주자는 그 유명한 '피트 몬드리안(Piet Mondrian, 1872-1944)'이었습니다.

Composition A

피트 몬드리안의 1920년 작품

데 스틸 예술 사조는 엄격한 네덜란드의 청교도 정신에 기초하여 단순하고 금욕적인 아름다움을 추구합니다. 특히 데 스틸 사조는 신 조형주의 대표 작가 피트 몬드리안이 추구했던 것과 마찬가지로 모든 자연요소들을 단순화하여 직사각형 형태와 비대칭적 균형미를 추구하고 그에 해당하는 색은 붉은색, 노란색, 푸른색, 검정색 그리고 흰색의 기본 색을 사용하였습니다. 이러한 네덜란드에서 시작한 데 스틸 예술 운동의 대표 작가 게리트 리트벨트는 캔버스에서만 표현되었던 기존의 평면적인 회화 작품을 3차원적인 공간 예술로 확장시켰다는 점에서 위대한 예술가로 인정받기 시작했고, 특히 그가 1918년에

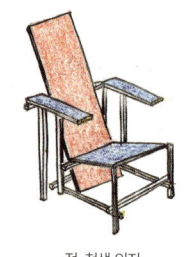

적·청색 의자

게리트 리트벨트가 1918년 제작

제작한 '적·청색 의자(Red and Bled chair)'로 게리트 리트벨트는 전 세계적으로 유명인사가 됩니다.

게리트 리트벨트가 건축가보다도 가구 디자이너로서 전 세계적으로 유명해지도록 한 '적·청색 의자(Red and Bled chair)'는 데 스틸 예술사조의 정신을 명확하게 보여주고 있습니다. 적·청색 의자는 의자의 기능을 수행하기 위한 최소한의 부재를 사용하면서 가구가 공간 속에서 덩어리 형식의 하나의 물체로 존재하는 것이 아니라 마치, 공간 속에서 각각의 부재들이 떠 있는 느낌이 들도록 제작되었습니다. 기존의 피트 몬드리안으로 대표되는 신 조형주의 예술작품들이 2차원적인 회화 작품들이었다면 게리트 리트벨트의 의자는 3차원의 공간이라는 확장된 영역으로 신 조형주의 또는 데 스틸 예술을 구현하였습니다. 적·청색 의자 작품 이후, 슈뢰더 하우스는 데 스틸 예술사조가 건축분야로 영역이 확장되는데 큰 영향을 미쳤습니다. 데 스틸 예술사조의 의자로 유명해진 게리트 리트벨트는 바로 슈뢰더 부인과 함께 전 세계의 보물이 될 슈뢰더 하우스를 완공하여, 의자로 시작된 3차원적 예술작품을 건축물로 확장하였습니다.

슈뢰더 하우스도 그가 제작한 의자와 마찬가지로 주택을 구성하는데 필요한 요소들이 최소한의 색조를 가지고 공간 안에서 떠 있는 듯 표현되었습니다. 슈뢰더 하우스는 총 2층으로 구성되어 있는데, 특히 2층 공간이 슈뢰더 하우스의 정신을 가장 잘 표현하고 있습니다. 2층은 방 세 개와 거실 그리고 화장실로 구성되는데, 기존의 주택공간과 매우 다를 뿐만 아니라 데 스틸 예술 사조가 공간 안에 잘 반영되도록 설계되었습니다. 그것은 바로 '접이식 벽'입니다. 공간을 분리하는 벽들은 이동이 가능하고 접을 수 있도록 제작하여 사생활을 보호하기 위해 공간을 분리하고자 한다면 방 주위로 벽을 둘러싸면 됩니다. 반면에 온 가족이 모일 경우 대공간이 필요하다면 벽들을 한 쪽으로 이동시켜서 2층 전체는 하나의 큰 공간으로 만들 수도 있습니다. 이러한 슈뢰더 하우스의 2층 공간은 기존의 공간이라는 개념을 완전히 바꾸어 버린 혁신적인 제안입니다. 주택공간이라 하면 늘 고정되어 있어서 변화가 불가능하다고 인식되어 왔는데 슈뢰더 하우스는 주택에 가장 필요한 벽이라는 요소들에게 이동할 수 있는 성격을 부여하여 상황에 따라 공간의 변화가 가능해졌습니다. 또한 슈뢰더 하우스는 건축물의 내·외부 뿐만 아니라 건물내부의 가구들 전체가 데 스틸 예술사조에 따라 디자인되어 있습니다.

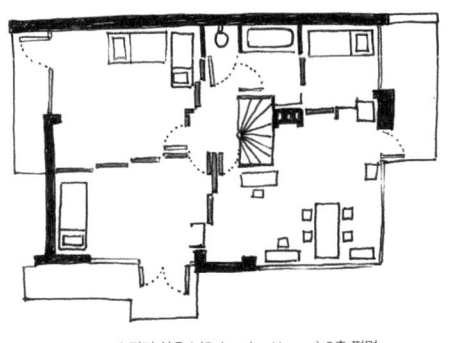

슈뢰더 하우스(Schröder House) 2층 평면

붉게 표시된 접이식 벽은 이동이 가능하여 공간을 분리하거나, 하나의 큰 공간으로 사용이 가능하다.

　우리가 예술작품을 감상하려 한다면 멋지고 잘 준비된 미술관에 가야 한다고 여겼지만, 슈뢰더 하우스의 경우 도시 안의 외부 공간을 전시공간으로 하는 거대한 설치미술이 되었습니다.

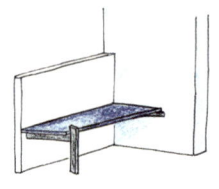

슈뢰더 하우스의 입구에 있는 외부 의자

하나의 기둥이 의자를 지탱하도록 하여 데 스틸 예술사조가 지향했던 단순하고 절제된 아름다움을 잘 표현하고 있다.

프랑스 출신 유명한 예술가인 마르셀 뒤샹(Marcel Duchamp, 1887-1968)이 남자 소변기를 미술관에 둠으로서 주변의 고고한 다른 미술작품들에게 충격을 주고 소변기 같은 대상도 예술이 될 수 있다는 예술의 지평을 넓혔듯이, 네덜란드의 도시를 구성하고 있는 일상적인 건축물 사이에 있는 슈뢰더 하우스는 그 존재로 하여금 도시의 활력을 가져올 뿐만 아니라 주택이라는 건축물이 3차원적인 설치 미술작품이 되는 발상의 전환을 가져왔습니다.

슈뢰더 부인은 1985년 그녀가 사망할 때까지 슈뢰더 하우스에서 살았고, 이후 슈뢰더 하우스는 박물관으로 용도가 변경되어 모든 사람들에게 개방되어 있습니다.

3.5 이탈리아

빌라 바르바로 _ Villa Barbaro

이탈리아는 전 세계에서 가장 많은 세계문화유산을 보유한 나라입니다. 본인이 파리에서 건축실무를 할 당시에 유독 젊은 이탈리아 건축가들을 많이 만났습니다. 그들이 파리로 일하러 온 이유는 이탈리아 국가 본토에 워낙 문화재가 많아서 건축물을 새로 짓기가 매우 힘들고, 그 결과 젊은 건축가들을 위한 일자리가 매우 부족했기 때문이었습니다. 파리에서도 워낙 역사 깊은 건물들이 많아서 건물을 새로 짓는 과정이 힘들었는데 이탈리아에서는 더 힘들다고 하니, 이탈리아는 국가 전체가 살아있는 박물관이라 해도 과언이 아닐 것입니다.

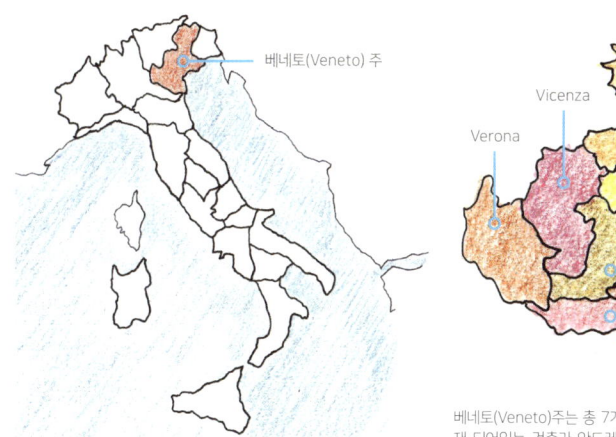
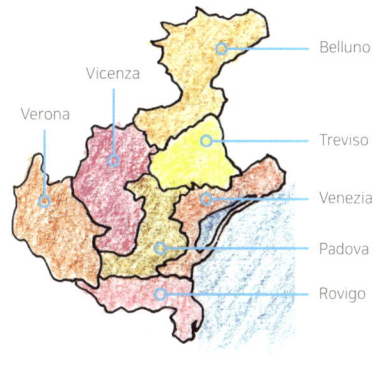

목이 긴 장화처럼 생긴 이탈리아는 총 20개의 주로 구성되어있고 그 중의 하나인 베네토(Veneto) 주는 북쪽에 위치해 있다.

베네토(Veneto)주는 총 7개의 도시가 있으며, 베네토 주에 산재 되어있는 건축가 안드레아 팔리디오가 설계한 건축물들과 특히 비첸차(Vicenza) 노시는 노시 선세가 세계분와뮤신에 등재되었다.

목이 긴 장화처럼 생긴 이탈리아 영토는 총 20개의 주로 구성되어 있습니다. 그중에 하나인 '베네토(Veneto)' 주가 있고 베네토 주 안에는 총 7개의 도시가 있습니다. 1994년과 1996년에 걸쳐 베네토 주 안에 산재되어 있는 건축물들과 특히 베네토 주 안에 있는 '비첸차(Vicenza)' 도시 전체가 세계문화유산에 등재됩니다. 베네토 주 안에 산재되어 있는 많은 건축물들과 특히 비첸차 도시의 건축물들을 설계한 건축가의 건축 작업이 위대하기 때문에 그가 설계한 건축물들이 세계문화유산에 등재되었는데 바로, 그 건축가는 영국의 세계문화유산 바스 도시(City of Bath)를 디자인하는데 사용된 건축양식을 탄생시킨 16세기의 위대한 건축가 '안드레아 팔라디오(Andrea Palladio, 1508-1580)'입니다.

건축가 안드레아 팔라디오
(Andrea Palladio)

'빌라 바르바로(Villa Barbaro)' 건축물은 베네토 주를 구성하는 7개 도시들 중의 하나인 '트레비소(Treviso)' 도시 안에 있습니다. 1558년 안드레아 팔라디오에 의해 완공된 건축물로서 1996년에 세계문화유산에 등재됩니다. 건축가 안드레아 팔라디오가 설계한 건축물의 가치는 영국의 바스 도시를 소개하면서 언급했듯, 그의 이름에서 차용한 '팔라디오(Palladio)' 형식이라는 건축 양식까지 만들어질 만큼 위대합니다. 16세기부터 오늘날까지 그리고 세계문화유산으로서 앞으로도 영원히 보존될 팔라디오가 설계한 건축물들은 단순히 건축물 입구에 배치되는 고대 그리스 건축기둥들에 의한 건축물의 외적인 아름다움을 가졌을 뿐만 아니라 그 건물 내부의 완벽하고 정확한 평면의 대칭성은 현대건축이 탄생하는 데에 큰 영향을 주었습니다.

빌라 바르바로(Villa Barbaro)는 건축물 이름에서 예상할 수 있듯이 바르바로(Barbaro) 가문이 소유한 자연 속에 있는 집입니다. 바르바로 가문은 16세기의 전통적

빌라 바르바로

건축물 중심축을 기준으로 좌우가 완벽하게 대칭이며, 건축물의 양 끝부분 상단에는 해시계가 각각 위치하고 있다. 건물 전면부에 있는 거대한 두 개의 해시계는 건물 앞의 대농장에서 작업하는 인부들에게 시간에 맞게 작업을 진행함에 있어 매우 유용하였을 것이다.

인 명문집안으로서 이탈리아의 베니스 도시에서 주로 활동했습니다. 전통적으로 베니스 도시는 바닷가에 위치한 지리적 장점으로 활발한 해상무역이 이루어졌고, 그 결과 굉장히 잘 사는 도시였습니다. 하지만 16세기 중반에 베니스의 경제사정이 나빠져서 베니스에서 활동했던 부호들도 자신들의 재산을 스스로 잘 관리해야 했습니다. 바르바로 가문도 이에 해당되어 자신들이 소유하고 있던 부동산 관리를 직접 해야만 했기에 베니스 도시로부터 북쪽으로 50km 떨어져 있는 그들의 부동산으로 이주하게 되었습니다. 그 곳에는 아름다운 산과 대농장이 있는 곳으로 바르바로 가문은 궁전과 같은 집에서 살았던 베니스에서의 삶을 동경하여 비록 베니스에서는 떠나지만 자신들이 앞으로 살아야 할 시골과 같은 대농장에도 궁전과 같은 집을 짓고자 했습니다. 라틴어의 기원을 둔 '빌라(Villa)' 단어의 의미가 농장 건물과 주택이 합쳐진 것을 의미하고, 고대 로마시대와 르네상스시대에는 축적된 부를 농촌에 궁전과 같은 별장을 만들어 투자를 했습니다. 이러한 '빌라' 어원의 의미와 빌라 건축물의 유럽에서 발전된 역사는 바르바로 가문이 원했던 주택의 이미지와 정확히 부합했기에 '빌라'의 단어가 바르바로 가문 주택의 공식 명칭에 포함되게 되었습니다. 바르바로 가문은 자신들을 위한 '농촌 속의 궁궐'이라는 이전에는 존재하지 않던 새로운 형태의 주택을 설계할 위대한 건축가로 안드레아 팔라디오를 지정합니다.

'농촌 속의 궁궐'이라는 새로운 실험주택은 기존의 궁궐에는 없는 특별한 용도가 첨가 되었습니다. 주택에서 살면서 동시에 대 농장을 관리해야 했기에 관리자들이 숙식하고 또한 그들이 작업할 수 있는 공간이 필요했습니다. 또한 명문가 주택에 맞게 대규모 행사가 치러질 수 있는 궁궐과 같은 멋진 공간도 필요했습니다. 이처럼 일반 주택에는 필요 없는 특별한 공간들을 염두에 두면서 건축가 안드레아 팔라디오는 자신이 추구하는 건축설계 방법으로 빌라를 계획했습니다.

건축물의 외관을 살펴보면, 중앙의 건축물을 중심으로 양쪽으로 날개처럼 길게 건물이 배치되어 있습니다. 중앙에 있는 가장 중요한 건축물 외관에는 건축가 팔라디오의 상징이라 할 수 있는 고대 로마시대의 기둥들로 장식되어 있습니다. 기둥의 머리모양이 양의 뿔과 같은 모양이고 기둥의 두께가 얇은 우아한 느낌의 이오니아식 기둥이 사용되었습니다. 팔라디오 건축가의 또 다른 중요한 건축방법인 완벽한 대칭성도 건축물에 적용되었습니다. 중앙의 건축물 중심축을 중심으로 좌우 건축물이 완벽하게 대칭입니다.

건축물은 2층으로 구성되어 있습니다. 외관에서 보면 각 층의 높이가 비슷해 보이지만, 사실 1층에 비해 2층의 바닥에서 천장까지의 높이가 훨씬 더 높습니다. 그 이유는 1층은 농장과 관련된 작업용도의 공간으로 사용된 반면에, 2층 공간은 당시 부호였던 바르바로 가문의 다양한 행사를 치룰 웅장하고 멋진 공간이 필요했기 때문입니다.

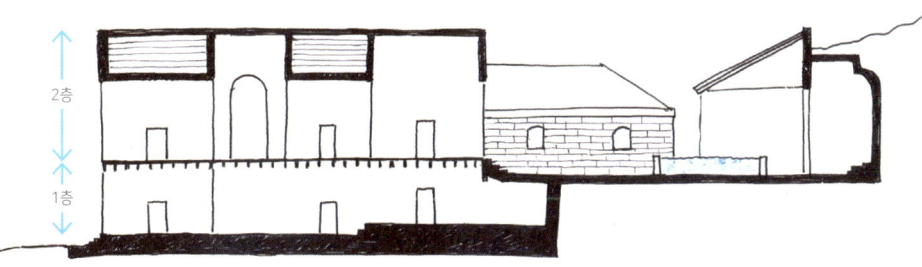

빌라 바르바로는 2층 공간의 높이가 1층에 비해 훨씬 더 높다. 그 이유는 당시 부자였던 바르바로 가문의 다양한 집안 행사들이 2층에서 행해졌기 때문이다.

산의 중턱에 위치하고 있는 빌라는 북쪽의 산과 남쪽의 포도농장 사이에 있습니다. 빌라의 위치도 매우 의도적으로 선택되었는데 첫째, 빌라의 2층에 있는 큰 창을 통해 건축물 앞에 있는 포도밭에서 인부들이 일을 잘 하고 있는지 감시를 할 수 있었습니다. 둘째, 산에서 내려오는 신선한 지하수를 활용할 수 있었습니다. 산에서 나오는 지하수는 경사면을 따라서 여러 용도로 사용되었는데, 우선 빌라의 정원수로 장식역할을 하고, 빌라를 통과하면서 식수도 공급됩니다. 이후 남은 물은 최종적으로 포도농장으로 흘러들어가 농경수로 활용됩니다. 대지의 경사면을 이용하고 건축물의 배치를 활용하여 지하수를 잘 활용한 빌라 바르바로는 매우 환경 친화적인 건축설계 방법이라 하겠습니다.

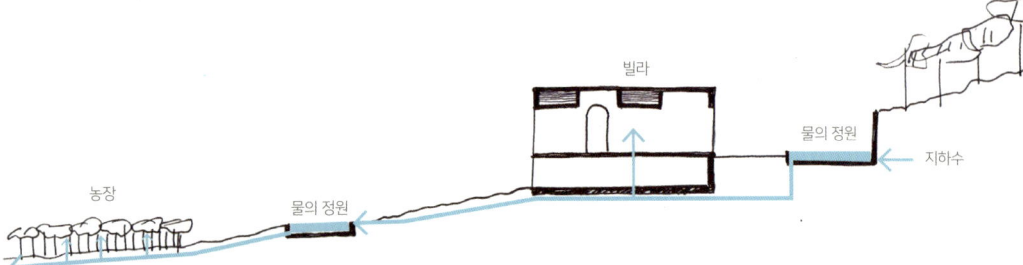

빌라 바르바로는 산의 중턱에 위치하여 산으로부터 나오는 지하수를 잘 활용하였다. 경사면을 따라 내려오는 지하수는 정원수의 장식적 역할을 할 뿐만 아니라 빌라에 사는 사람들을 위한 식수 그리고 최종적으로 포도농장으로 흘러들어가 농경수로 활용된다.

빌라 바르바로 건축물의 내부를 그림으로 장식한 화가 '파올로 베로네즈(Paolo Veronese)'는 화가가 자신의 그림에 서명을 적듯이, 문 열고 나오는 자기 자신의 모습을 빌라 내부 벽에 그림으로 남겨놓았다.

당시 바르바로 가문은 상당한 부자였지만, 베니스를 중심으로 경제사정이 나빠졌기에 빌라 공사를 위해서 돈을 아껴야만 했습니다. 우선 건축물의 재료로 값비싼 대리석 대신에 가격이 저렴한 벽돌을 사용하였습니다.

대리석은 건물의 전면에 보이는 기둥과 같은 장식품에만 사용되었습니다. 특히 돈을 아끼기 위해 건축물 내부에 흥미로운 인테리어 공사가 진행되었는데, 빌라 내부에 보이는 많은 장식용 기둥들과 창문들은 마치 실제로 존재하는 것처럼 보이지만, 사실은 당시 베니스에서 활동한 유명한 화가 '파올로 베로네즈(Paolo Veronese, 1528-1588)'가 입체적으로 그린 그림들입니다. 실제로 그 많은 대리석 기둥들과 장식된 창들을 설치하려면 많은 비용이 들기 때문에 바르바로 가문은 유명한 화가에게 의뢰하여 빌라 내부 공간을 거대한 그림으로 장식하였습니다.

오늘날 빌라 바르바로 건축물을 보면 농촌의 작은 오래된 건축물로 보일 수 있습니다. 하지만 건축물 내면에는 16세기 위대한 건축가 안드레아 팔라디오의 최고 작품 중 하나로서 세계문화유산에 당당하게 등재된 위대한

출입문을 제외한 빌라 바르바로의 내부에 보이는 벽 위의 기둥들과 창문들은 공사비를 절감하기 위해 화가 파올로 베로네즈가 사실처럼 그린 그림들이다.

가치가 있습니다. 빌라 바르바로는 농촌의 생활과 안락한 삶을 영유할 수 있는 새로운 생활문화를 탄생시켰고, 자연 지형을 이용한 환경 친화적인 건축설계 제시, 경제적인 건축 재료 사용, 건축가 팔라디오 공간의 단순하고 대칭적 특징은 오늘날 현대건축이 탄생하는 데 많은 기여를 했습니다.

현대인들이 꿈꾸는 것 중의 하나가 은퇴 이후에 시골에 가서 그림 같은 집을 짓고 사는 것입니다. 비록 바르바로 가문처럼 화려한 건축물은 아니더라도 현대인들이 자연 속에 자신만의 소박한 궁전을 꿈꿀 수 있는 기회를 빌라 바르바로가 제공했다는 점에서 빌라 바르바로는 세계문화유산 등재 그 이상의 가치를 가지고 있습니다.

3.5 이탈리아

베니스 도시와 석호 _ Venice and its Lagoon

베니스 도시는 이탈리아 '베네토(Veneto)' 주의 7개 도시 중에 하나로서 바닷물 위에 있는 수상도시로 유명합니다. 바다 위에 인공적으로 생긴 베니스 도시와 자연현상에 의해 자연스럽게 생긴 둑인 석호(潟湖)는 세계문화유산의 로고가 의미하는 자연이 인류의 문명을 품고 있는 것을 정확히 보여주고 있습니다.

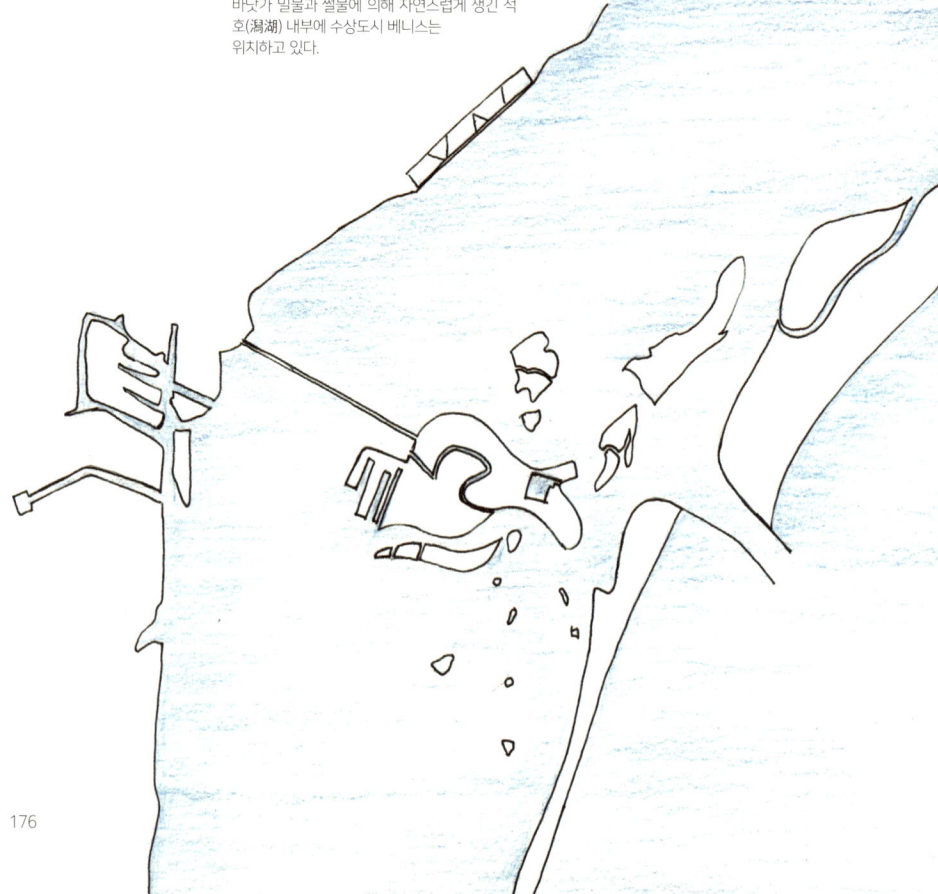

바닷가 밀물과 썰물에 의해 자연스럽게 생긴 석호(潟湖) 내부에 수상도시 베니스는 위치하고 있다.

이탈리아 본토와 베니스 수상도시를 기차와 자동차로 연결하는 유일한 교통로

 베니스 수상도시는 5세기부터 건립되기 시작했는데, 굳이 힘들게 바닷물 위에 도시를 만들게 된 이유는 이탈리아 본토 사람들이 훈족의 공격을 피해 바닷가 근처에 간척을 한 것이 시작입니다. 수상도시에서 살면 바닷물로 인해 적들이 도시로 접근하기 어렵기 때문입니다. 현재에도 베니스 수상도시에 접근할 수 있는 방법은 매우 제한되어 있어서, 도로와 철도 길을 갖춘 유일한 다리가 이태리 본토와 베니스 수상도시를 연결하고 있습니다.

 베니스의 수상도시는 약 5세기부터 건립되기 시작했습니다. 베니스 해안의 석호(潟湖) 안에 흩어져 있는 118개의 작은 섬들이 약 400개의 다리들로 이어서 도시를 이루고 있습니다. 10세기부터 해안가의 위치와 유럽과 아시아 사이의 지정학적 장점을 바탕으로 강력한 해상도시 국가로 발전하였으며, 특히 향료무역과 예술의 도시로 유명해졌습니다. 오늘날 베니스 수상도시를 구성하고 있는 저마다 아름답고 개성 넘치는 건축물들을 볼 때면 오랜 기간 동안 수상도시의 명맥을 유지해오고 있는 베니스의 화려한 역사를 예측해 볼 수 있습니다.

베니스 수상도시는 물 위에 건설된 도시이므로 주 교통수단은 바닷물 위로 다니는 배입니다. 베니스를 방문하면 두 가지 종류의 배를 볼 수 있는데, '곤돌리에(Gondolier)'라고 불리는 운전하는 사람이 직접 노를 이용하여 배를 운전하는 좁고 긴 모양형태의 곤돌라(Gondola)는 관광용이며, 약 20명 정도가 이용 할 수 있는 다소 허름해 보이는 배는 대중교통 수단인 수상 버스입니다. 배가 주 교통수단이라는 점은 전 세계의 어떤 도시에서 볼 수 없는 베니스 수상도시만의 특징이며, 배를 타고 이동하면서 아름다운 베니스의 도시모습을 감상하는 것도 베니스에서만 경험해 볼 수 있습니다.

수상도시 베니스의 대중교통은 배이며, 일반도시의 버스 역할을 하고 있다.

곤돌라(Gondola)라 불리는 좁고 긴 모양의 배는 관광용이다.

일반 평지에도 건축물을 완공하기 위해서는 시간과 노력이 필요한데, 더군다나 바닷물 위의 간척된 부분에 건축물을 짓는 것은 매우 어려운 일입니다. 건축물은 물 위에 떠 있는 배와는 다르게 한 곳에 고정되어 있어야 하는데, 늘 항상 움직이고 있는 바닷물 위에 고정된 건축물을 짓기 위해선 특별한 장치가 필요했습니다. 그 특별한 장치는 건물 아랫부분에 있는 아주 튼튼한 기초에 있습니다. 베니스의 건축물의 아랫부분에는 태풍이나 강한 파도에도 건축물이 잘 버틸 수 있도록 매우 견고한 기초가

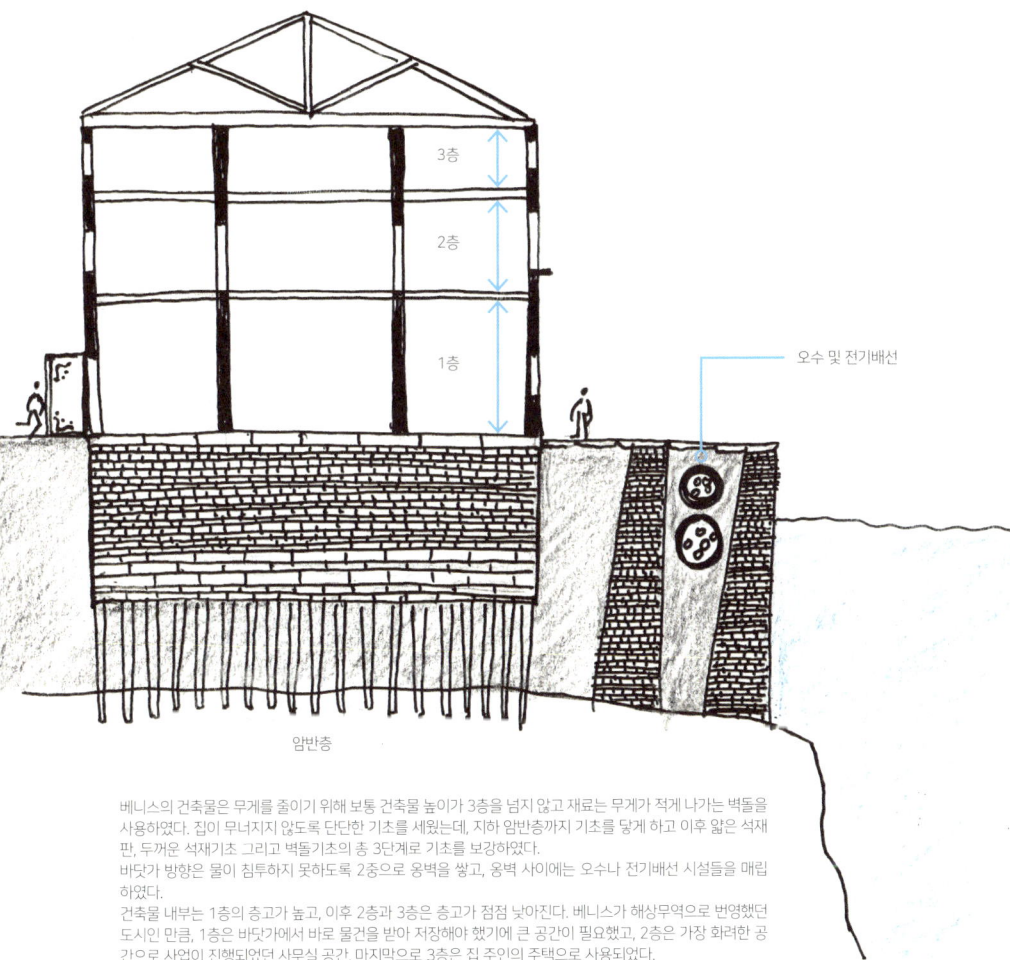

베니스의 건축물은 무게를 줄이기 위해 보통 건축물 높이가 3층을 넘지 않고 재료는 무게가 적게 나가는 벽돌을 사용하였다. 집이 무너지지 않도록 단단한 기초를 세웠는데, 지하 암반층까지 기초를 닿게 하고 이후 얇은 석재판, 두꺼운 석재기초 그리고 벽돌기초의 총 3단계로 기초를 보강하였다.
바닷가 방향은 물이 침투하지 못하도록 2중으로 옹벽을 쌓고, 옹벽 사이에는 오수나 전기배선 시설들을 매립하였다.
건축물 내부는 1층의 층고가 높고, 이후 2층과 3층은 층고가 점점 낮아진다. 베니스가 해상무역으로 번영했던 도시인 만큼, 1층은 바닷가에서 바로 물건을 받아 저장해야 했기에 큰 공간이 필요했고, 2층은 가장 화려한 공간으로 사업이 진행되었던 사무실 공간, 마지막으로 3층은 집 주인의 주택으로 사용되었다.

있습니다. 기초를 구성하는 재료들로는 우선 수없이 많은 나무 기둥들이 지하의 깊은 암반까지 심어져 있고, 그 윗부분에 얇고 두꺼운 석재들이 배치되어 아래의 나무기둥들을 단단하게 눌러주고 있습니다. 이후 최종적으로 배치된 석재재료들 위에 벽돌들이 올려지면 여러 재료들로 보강된 단단한 기초는 완성됩니다.

베니스 건축물의 주 출입구는 바닷가 쪽에 위치하고 있으며, 바닷가를 따라 일정하게 정렬된 건축물들은 각자의 아름다운 건물 입면들로 화려하게 장식되어 있다.

아무리 튼튼한 기초를 가지고 있더라도 단단한 땅이 아닌 바닷가 간척지에 건물을 짓는 데는 제약조건들이 많았습니다. 오늘날에도 교량과 같이 물 위에 건설작업을 하려면 매우 발달된 기술과 시간이 걸리는데, 지금으로부터 1500년경 전에 물위에 건축물을 짓기 위해서는 여러 문제들이 고려되었을 것입니다.

바닷물이라는 제약조건 아래에서 건설된 베니스의 수상 건축물들은 다음과 같은 특징이 있습니다. 첫째, 건축물들의 높이가 낮습니다. 높은 건축물은 건축물 자체의

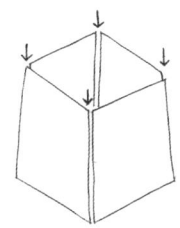

베니스 건축물의 벽은 서로 고정되어 있지 않아 파도로 인한 지반의 움직임에 대처하도록 설계되었다.

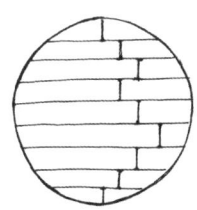

베니스 건축물의 벽과 벽은 벽돌로 서로 맞물려 있어서 벽이 유동성을 가진다.

무게가 많이 나가기 때문에 아무리 단단한 기초를 가지고 있더라도 물 위에서는 안전하지 못합니다. 이러한 이유로 베니스의 건축물들은 평균 3층의 높이를 가지고 있습니다. 둘째, 사람의 척추와 같은 건축물의 구조를 위해서 벽돌재료가 사용되었습니다. 석재에 비해 벽돌은 그 자체무게가 적게 나가기에 건축물을 버티게 하는 주요 재료로 벽돌이 사용되었습니다. 베니스 건축물들의 외관이 각각 다양한 색들로 장식되어 있으나, 그것은 벽돌 위에 색을 칠한 것입니다. 하지만 중요한 건축물인 경우에는 대리석의 석재를 사용했는데, 그 경우에는 건축물의 아랫부분에 더 단단한 기초보강이 이루어졌습니다. 셋째, 항상 움직임이 있는 파도에 적응하도록 건축물이 유연성을 갖도록 설계되었습니다. 만약 건축물이 단단하다면 파도에 의해 생기는 유동성에 의해 건축물은 균열이 일어나기 쉽습니다. 이러한 이유로 베니스 건축물에는 건축물 내부 바닥과 천장에는 단단하지 않은 나무재료들이 사용되었고, 나무 목재와 구조재인 벽돌을 연결하기 위해서는 유연성이 있는 얇은 철재재료가 사용되었습니다. 또한 건축물의 네 벽들이 서로 고정되어 있지 않고 벽돌들이 서로 맞물려 있는 형태로 되어있기에 건축물은 움직이는 파도에 대응하는 유동성을 지니게 됩니다. 또한 벽돌재료로 구성된 각각의 벽들은 건물 안쪽으로 약간 기울어져 있어서 외부의 움직임이 있더라도 건물 바깥쪽으로 벽이 쉽게 전도되지 않도록 설계되었습니다. 마지막으로 건축물이 세워질 간척지 외부에 이중으로 벽을 쌓아 바닷물이 침투하는 것을 방지했습니다. 이중으로 벽을 쌓음으로써 바닷물이 건축물 아랫부분으로 침투하는 것을 차단하였을 뿐만 아니라 이중 벽 사이에는 건물에서 나오는 오물용 배관 및 전기시설배관을 매설함으로써 베니스 도시 안에서는 여러 복잡한 전기시설들이 보이지 않도록 했습니다. 특히 우리나라에서는 전봇대와 그 사이에 연결된 수없이 많은 전기선들을 볼 수 있는데, 이는 도시경관을 아름답게 하지 않는 문제도 있지만 더 심각한 것은 화재와 전기누수의 위험이 우리주변에 늘 도사리고 있는 점입니다. 이러한 문제를 해결하고자 오늘날 많은 도시에서는 전기시설들을 지하로 배치하는 '지중화(地中化)' 공사를 많이 하고 있습니다. 이러한 지중화 공사를 지금으로부터 1500년경 전에 베니스 시민들은 이미 실시했다고 하니, 도시디자인에 대한 그들의 뛰어난 안목에 놀라지 않을 수 없습니다.

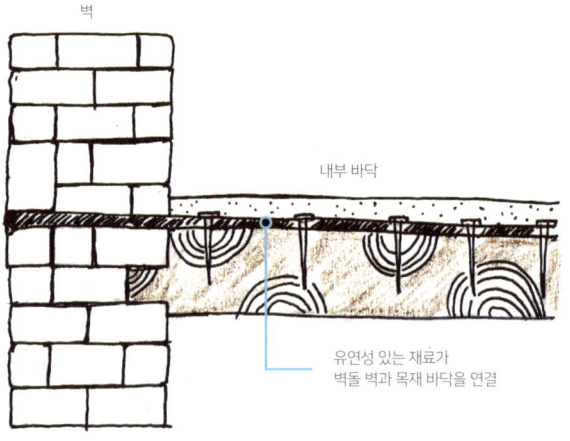

건축물의 벽과 바닥을 연결시키는 유연성 있는 재료는 건물이 파도로 인해 움직이는 지반에 잘 대응하도록 해준다.

바닷가 위에 있는 베니스 건축물들은 염분에 늘 노출되어 있습니다. 태풍과 같은 자연재해와 더불어 염분에 의한 침식작용은 건축물에게 매우 심각한 타격을 줍니다. 일상생활을 유지하고 세계문화유산의 보물이기도 한 베니스의 건축물들은 피해정도에 따라 정기적으로 보수와 보강작업이 이루어지며 특히, 염분의 피해를 막기 위해서는 오늘날 발달된 특수 방수재료를 건축물 주요 재료인 벽돌 사이사이에 주입하여 염분에 의한 침식을 최소화 하고 있습니다.

베니스 중심부에 위치하고 있는 리알토 다리. 다리 위에 다양한 상점들이 있는 것이 특징이다.

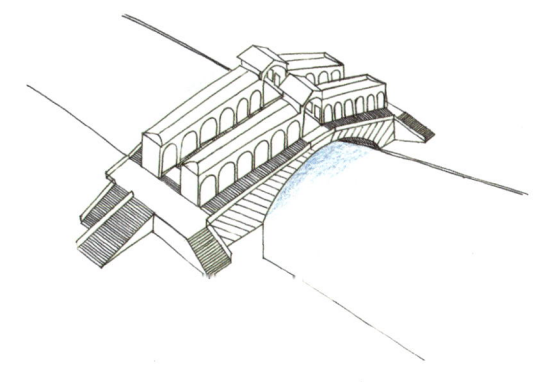

리알토 다리(Rialto bridge)

베니스 도시의 건축물 뿐만 아니라 많은 다리들은 벽돌로 만들어 졌으나 베니스를 대표하는 건축물들 중에 하나인 1591년에 완공된 리알토 다리는 대리석으로 만들어 졌다. 다리 위에 계단으로 된 3개의 길이 있고, 길 양옆으로 상점들이 배치되어 있어서, 당시 해상 무역도시로서 화려했던 베니스 도시의 모습을 상상할 수 있다.

바닷물 위에 있는 베니스 수상도시는 염분의 피해 뿐만 아니라 태풍에도 늘 노출되어 있습니다. 태풍이 베니스를 지나갈 때마다 높아진 바닷물 수위로 인해 1층 부분의 상점과 보행도로는 바닷물에 침수되어 그 피해가 막중합니다. 이러한 침수피해를 막고자 이태리 정부는 베니스의 석호주변에 특별한 장치를 개발하여 배치합니다. 홍해바다를 가르게 했던 '모세의 기적'에서 명칭을 차용하여 '모세시스템(Mose System)'이라는 인공 둑을 개발하였습니다. 이 둑으로 인하여 태풍이 오더라도 석호 안에 있는 베니스 도시의 바다 수위가 높아지지 않도록 하였습니다. 2013년부터 가동되기 시작한 인공 댐은 기존의 댐과 매우 다른데, 그 다른 점은 댐이 고정되지 않았다는 점입니다. 모세시스템은 공기의 부력을 이용하여 움직이도록 설계되어 평소에 수위조절이 필요 없는 경우에는 바다 아래에 있다가 태풍으로 인해 수위가 높아질 경우에는 댐의 벽이 자립을 하게 되는데, 공기가 댐의 벽에 들어가서 떠오르게 하는 원리입니다. 일반적으로 인공식 댐은 늘 단단한 콘크리트 재료로 고정되어 있기에 자연현상을 가로막아 생태계에 많은 피해를 줍니다.

이러한 관점에서 베니스에 설치된 모세시스템은 특수한 상황에서만 댐의 역할을 하도록 계획되어 자연생태계에 피해를 주지 않는다는 큰 가치를 지니고 있습니다. 이처럼 자연과 인공으로 만들어진 유산들이 서로 함께 잘 공존하도록 노력하는 것이 바로 세계문화유산 등재의 진정한 의도이자 앞으로도 이 정신은 잘 유지되어야 할 것입니다.

바다 수위가 일정할 때 모세시스템은 작동하지 않는다.

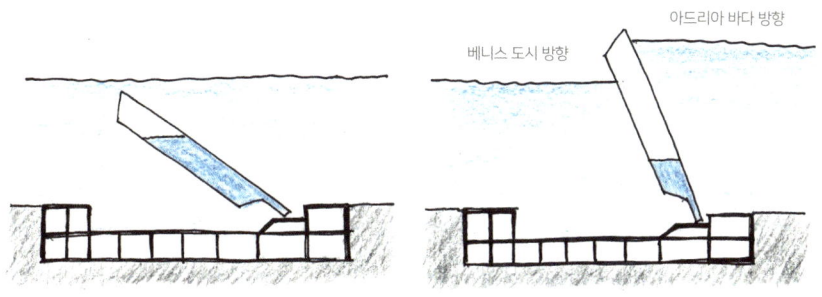

태풍경보가 올리면 모세시스템이 가동된다.   부력으로 자립한 이동식 댐이 아드리아 바다로부터 바닷물이 베니스 도시로 밀려드는 것을 막는다.

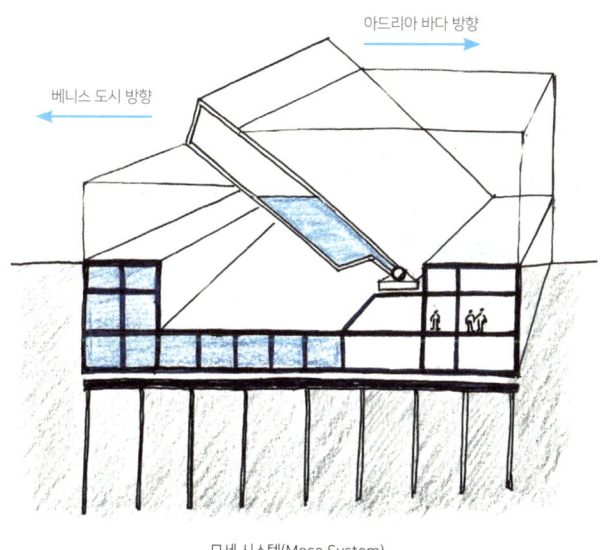

모세 시스템(Mose System)

부력을 이용한 이동식 둑으로서 태풍과 같은 위급한 상황에 작동을 한다. 이동이 가능한 전자식 둑은 기존의 고정식 댐과는 다르게 자연생태계에 피해를 주지 않는다는 점에서 큰 가치가 있다.

4 오감으로 만나는 세계문화유산 _ 아프리카, 중동, 오세아니아

4.1 **이집트** | 이집트 고대왕국의 수도 멤피스와 무덤건축
- 기자 지역에서 다슈르 지역의 피라미드 군

4.2 **요르단** | 고대도시 페트라

4.3 **호주** | 시드니 오페라 하우스

4.1 이집트

이집트 고대왕국의 수도 멤피스와 무덤건축 – 기자 지역에서 다슈르 지역의 피라미드 군

_ Memphis and its Necropolis – the Pyramid Fields from Giza to Dahshur

오늘날 이집트의 수도 카이로에서 가까운 기자(Giza) 지역에서부터 다슈르(Dahshur)지역에는 80여 개의 피라미드(Pyramid)가 있습니다. 이 지역은 고대 이집트 왕국의 수도 멤피스(Memphis)지역으로, 기원전 3000년 경부터 피라미드가 지어지기 시작했습니다. 우리나라에서 아프리카 대륙은 멀고 먼 미지의 땅이라 여기기 쉽지만, 그 지역의 이집트에 있는 삼각뿔 모양의 피라미드를 모르는 사람은 아마 거의 없을 것입니다. 지금으로부터 약 5000여 년 전에 단순 도구만을 이용해서 엄청난 크기의 돌산이 만들어졌다는 사실이 경외심을 넘어 충격으로 우리의 뇌리에 남아 있기 때문일 것입니다.

1979년 피라미드는 이집트 자국에 있는 '아부심벨(Abu Simbel Temples) 신전'과 함께 세계문화유산에 등재되었습니다. 피라미드는 기원전 3000여 년 전부터 2400년까지 당시 수도였던 멤피스에 건설된 왕의 무덤의 역할과 종교의식의 용도로 사용된 신성한 건축물입니다. 오늘날 남아있는 80여 개의 피라미드들 중에서도 가장 유명한 피라미드는 기원전 2500년 경에 지어진 '쿠푸(Khufu)'왕의 피라미드입니다. 그 규모는 폭이 230m

그리고 높이는 현대 건축물의 50층에 해당하는 146m로, 약 20여 년의 공사 기간과 공사인원은 10만여 명이 동원되었다고 예상하고 있습니다.

피라미드 하나를 건설하는데 20여 년이 걸렸다고 하니 오랜 기간에 걸쳐 공사가 진행되었으리라 생각할 수도 있겠으나, 그 당시의 건축 기술력을 감안한다면 전혀 오랜 시간이 걸린 것이 아닙니다. 피라미드를 만들기 위해선 200만 개 이상의 석회암 블록이 필요하고 돌 블록의 하나의 무게는 약 2.5톤입니다. 자동차 한 대의 무게가 1.5톤 정도이니 돌 블록 하나가 상당한 무게를 가지고 있음을 알 수 있습니다. 2.5톤의 돌 블록 200만 개로 20년 동안 돌산을 만들기 위해선 하루에 약 300여 개의 돌 블록을 운반해야 하고 5분 동안 한 개의 돌 블록을 운반해야 한다는 결론이 납니다. 당시 변변한 도구도 없이 평균 5분 동안 자동차의 1.5배에 해당하는 무게의 돌을 옮겨 50층에 해당하는 건축물을 짓는다는 것은 거의 불가사의한 일입니다. 하지만 불가능하다고 여겨지는 피라미드를 완공했다는 사실은 왕의 무덤의 완성이 곧 고대 이집트 왕국의 번영이라는 굳건한 믿음이 있었기에 가능했을 것이며 피라미드 완성을 위해서 많은 시민들의 엄청난 희생이 있었음을 예상해 볼 수 있습니다.

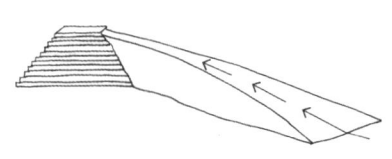
피라미드의 높이가 낮을 때에는 단일 경사를 이용하여 2.5톤의 돌을 운반하였다.

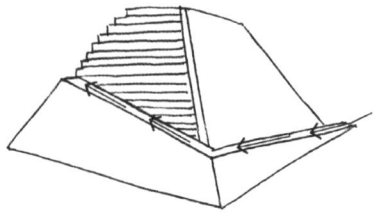
피라미드의 높이가 높아짐에 따라 피라미드를 둘러싸는 낮은 각도의 경사로를 만들어 돌 운반을 용이하게 하였다.

6면체 모양의 1대 피라미드인
마스타바(Mastaba)

마스타바를 점점 증축하여 마침내
삼각뿔 형태의 피라미드가 탄생

피라미드의 외형을 보고 피라미드는 삼각뿔 형태가 원형이라고 생각할 수 있겠지만, 삼각뿔 형태의 피라미드는 진화과정을 거쳐서 완성된 모습입니다. 초기의 1대 피라미드는 '마스타바(Mastaba)'라 불리는 이집트 최초의 지상무덤으로 현재의 삼각뿔 모양이 아닌 네모난 케이크 모양의 6면체 형태를 띠고 있습니다. 이후 왕의 사후세계가 우주와 더 가까워지도록 피라미드의 높이는 점점 더 높아져서 6면체 모양의 피라미드는 계단 모양을 하게 됩니다. 이후 계단처럼 보이는 각 층의 차이를 없게 보이도록 계단과 계단 사이를 돌 블록들로 메우고 다듬어서 오늘날 볼 수 있는 삼각뿔 형태의 피라미드가 완성되었습니다.

피라미드 건축물의 용도는 왕이 죽었을 때 그를 무덤에 묻고, 제사와 같은 종교의식을 행하기 위함입니다. 피라미드 내부 안에 왕의 시신이 있는 무덤과 그가 지녔던 귀중한 보물들도 함께 매장했기에 도굴의 위험은 늘 함께 했습니다. 이러한 도굴의 피해를 막고자 피라미드의 내부에 왕의 무덤을 잘 숨기는 방법도 진화되었습니다. 1대 피라미드인 마스타바에서는 지하 깊숙이 왕의 무덤을 묻고 그 위에 돌 블록으로 증축하는 방식이었습니다. 하지만 지하에 매장하는 방법은 도굴꾼들의 피해에서 벗어나지 못했습니다. 이후 진화된 매장방법은 기존의 지하공간은 그대로 만들되 그 공간을 비워 두었습니다. 반면에 왕의 무덤은 피라미드 지상의 중앙부분에 안치했습니다. 이렇게 만든 이유는 도굴꾼들이 입구를 따라 자연스럽게 지하공간에 다다랐을 때, 내부가 텅 빈 공간을 보고 이미 다른 도굴꾼이 귀중품들을 다 가져갔다고 생각하게 만들려 했기 때문입니다. 도굴의 위험으로 벗어나고자 빈 지하공간을 만들었던 것은 충분하지 않았습니다. 피라미드 중간에 위치한 왕의 무덤으로 도굴꾼들이 접근하지 못하도록 피라미드 입구 근처와 왕의 무덤과 연결되는 길을 완벽히 차단했습니다. 피라미드 내부의 좁고 경사진 통로와 같은 길을 통해 인부들이 작업을 하였고, 피라미드 내부의 일을 다 마치면 인부들은 경사면을 따라 단단한 화강암을 밀어서 좁은 길을 막아 버렸습니다. 안타까운 것은 막힌 길로 인하여 인부들은 피라미드 안에서 산채로 죽음을 기다리는 운명을 선택했다는 사실입니다.

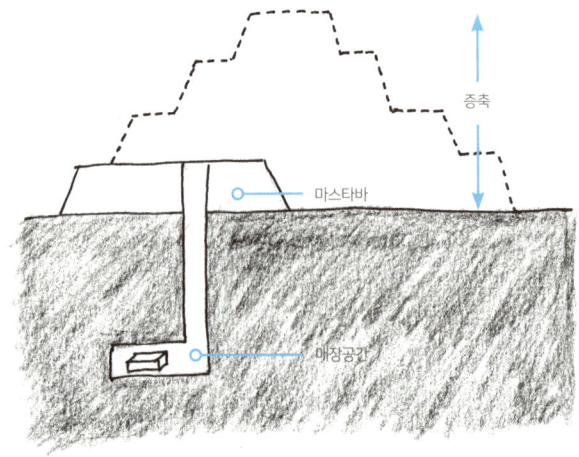

초기 피라미드의 매장방식은 지하 깊숙한 곳에 묘실을 만들어 왕의 무덤과 유품을 보관하였으나, 도굴의 피해가 심각했다.

피라미드 내부에 안치된 왕의 무덤에 가해지는 돌의 무게로 인해 피해가 가지 않도록 특별한 건축 장치가 제시되었습니다. 왕의 무덤이 안치된 방인 왕의 묘실 위에는 돌 블록들이 겹겹이 놓여있고, 그 위에 삿갓모양의 지붕이 올려져 있습니다. 이 지붕모양의 장치는 상부의 엄청난 돌 무게를 양 방향으로 분산시키려는 중량확산장치로 상부에서 가해지는 엄청난 돌의 무게로부터 안전하게 왕의 무덤을 지킬 수 있었습니다.

왕의 묘실을 중심으로 남북 방향으로 각각 작은 두 통로가 있습니다. 그 크기가 작아서 왕의 시신의 부패를 방지하기 위한 환기통로라고 여겨졌으나, 1960년대 천문학자에 의해 남쪽 통로의 방향은 오리온자리의 별 세 개 그리고 북쪽 통로의 방향은 북극성 별과 정확히 일치하는 것을 밝혀내었습니다. 이로써 작은 두 통로의 용도가 환기구의 역할을 하는 것 보다는 왕의 사후세계와 연결되어 죽은 왕의 영혼이 우주로 나가가는 통로라고 알려지기 시작했습니다.

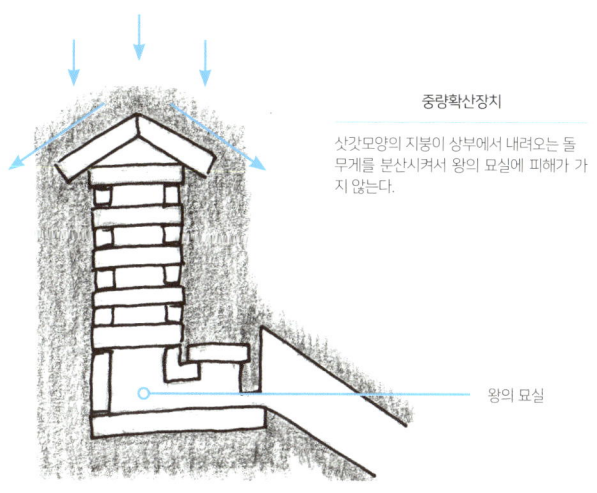

중량확산장치

삿갓모양의 지붕이 상부에서 내려오는 돌 무게를 분산시켜서 왕의 묘실에 피해가 가지 않는다.

왕의 묘실

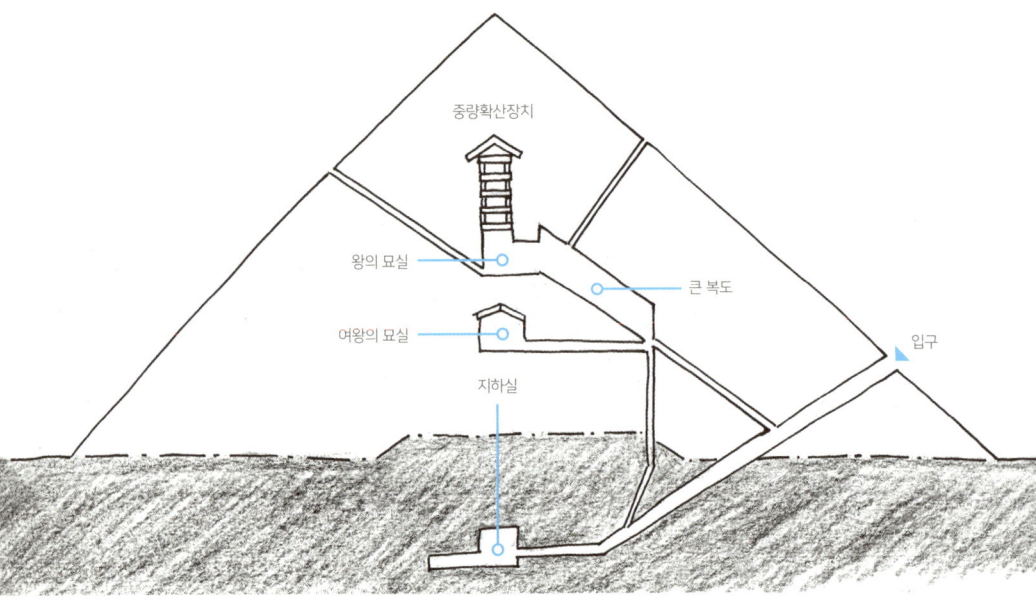

현존하는 피라미드 중에 가장 큰 '쿠푸(Khufu)'왕의 피라미드 내부. 큰 복도에서 단단한 화강암을 입구 쪽으로 밀어 넣어 도굴꾼들이 왕과 여왕의 묘실로 침입하는 것을 막고자 하였다.

    오늘날 엄청난 규모의 돌 블록으로 만들어진 피라미드를 보면서, 그 당시에 참여했던 많은 인력들이 얼마나 고생을 했을지 연민의 감정이 듭니다. 하지만 고고학자에 의하면 그 당시 작업에 참여했던 인부들은 우리가 생각할 만큼 많은 고난 속에서 일을 하지 않았다고 합니다. 그 증거는 이집트의 벽화에 그려진 상형문자에서 찾을 수 있는데, 오늘날 회사의 조직도와 같은 상형문자에 답이 있습니다. 그 상형문자는 피라미드 공사 작업의 조직도를 표현하고 있습니다. 공사의 최종 책임자의 아래에 두 팀이 있고 각각의 팀은 서로 경쟁하는 구조로 되어 있습니다. 왕이 죽기 전에 피라미드를 완성하는 것이 중요하고 잘 완공된 피라미드는 왕이 죽고 난 이후에 작업에 참여한 모든 사람들의 안위를 보장하는 것을 의미하는 것입니다. 이러한 피라미드의 중요성을 인식하여 작업에 투여된 두 경쟁 팀들은 서로 선의의 경쟁을 하였습니다. 서로 다른 팀의 작업량이 뒤지지 않도록 서로가 더 경쟁적으로 작업을 진행했습니다. 또한 피라미드 작업에 참여하게 되면 세금 감면이나 병역문제도 해결해주는 당근 정책도 시행하여 많은 시민들이 자발적으로 피라미드 작업에 참여했다고 합니다.

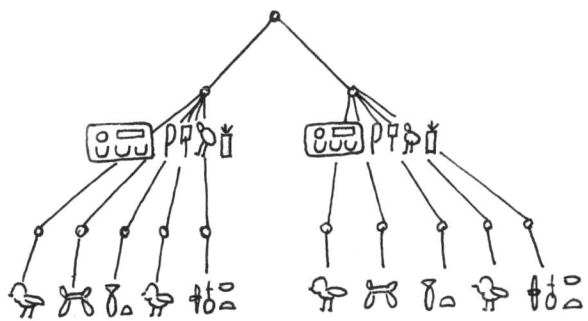

오늘날 회사 조직도의 기원인 피라미드 조직도

고대 피라미드를 제작할 당시, 공사에 투입되는 인력들을 두 팀으로 구성하여 서로 경쟁하도록 만들었다.

4.2 요르단

고대도시 페트라 _ Petra, Ancient City

고대도시 페트라(Petra)는 중동지역의 이스라엘과 사우디아라비아 사이에 위치한 요르단 국가에 있는 고대도시입니다. 고대도시 페트라가 전 세계적으로 널리 알려지게 된 계기는 1989년 개봉한 '인디아나 존스, 최후의 성전(Indiana Jones and the Last Crusade)' 영화의 역할이 큽니다. 본 영화의 대흥행으로 많은 사람이 영화를 보았는데 영화의 배경 중에 한 곳이 바로 페트라였고, 당시 알려지지 않았던 고대도시 페트라의 환상적인 모습에 관객들은 매료되고 말았습니다. 암반과 사막지대를 활용한 고대도시의 흔적을 그대로 간직하고 있는 페트라는 그 가치를 인정받아 1985년 유네스코 세계문화유산에 등재되었습니다.

페트라(Petra) 도시는 기원전 4세기경에 나바테안(Nabataean) 민족에 의해 건설되기 시작한 도시로 '페트라(Petra)'의 어원은 고대 그리스어로 '바위'를 뜻합니다. 고대도시 페트라는 붉은 사암을 활용하여 만들어진 도시이기 때문에 바위의 용어가 도시의 명칭으로 직접 사용되었습니다. 기원전 4세기부터 106년경 로마제국에 의해 멸망할 때까지 페트라 도시는 동양과 서양의 관문으로서 물물교환 중심의 상업으로 크게 발달하였습니다. 오랜 기간 동안 사막지역의 모래에 파묻혀있던 페트라 도시는 1812년에 스위스 탐험가에 의해 발견되었습니다. 이후 유적지를 발굴하기 시작되어 오늘날까지도 고대도시의 복원은 진행 중에 있습니다. 대부분의 건축물들이 일반 평지에 지어지는 것과는 전혀 달리 페트라의 대표적인 중요한 건축물들은 기존 자연 암반을 조각하여 건물의 전면을 만들고 내부 건축공간은 암반에 동굴을 파서 만들었습니다. 그 결과 일반 건축물들이 4면을 가지고 있는 반면에 페트라의 건축물은 전면의 한쪽 면만 갖게 됩니다.

페트라 도시의 대표적인 건축물은 '알 카즈네(Al Khazneh)'로 마치 부조작업을 한 대형 조각 작품과 같은 화려한 건물 입면이 압권입니다. 페트라 도시에 진입하기 위해서는 좁고 높은 암반 사이를 걸어야 하는데 한참 걷다가 갑자기 나타나는 압도적인 아름다움을 가진 알 카즈네 건물을 보면 자신도 모르게 탄성을 지르게 됩니다. 이처럼 처음 도시를 방문하는 사람들에게 강렬한 인상을 주기 위해서 과거 나바테안들은 의도적으로 도시 입구에 알 카즈네 건물을 배치한 것으로 보입니다.

고대도시 '페트라(Petra)'에 진입하기 위해 처음 만나는 '알 카즈네(Al Khazneh)' 건축물

붉은 사암의 한쪽 면을 조각해서 만든 무덤과 종교용도의 건축물이다. 건축물 양 옆에 있는 두 줄모양의 작은 점처럼 보이는 것은 사암을 조각하기 위한 작업자들의 발판으로 추측하고 있다.

'알 카즈네(Al Khazneh)'의 어원은 아랍어로 '파라오의 보물'을 의미하고, 건축물의 폭은 28m 그리고 높이는 현대 건축물의 15층에 해당하는 40m입니다. 건축물은 당시 유행했던 이집트 그리고 로마 문화가 합쳐진 건축설계가 적용되었습니다. 이집트의 굴을 파서 만든 무덤 건축과 비슷하게 알 카즈네 건축물 내부에도 동굴형태의 여러 공간들이 있고, 건축물의 전면부에는 고대 그리스 기둥 장식 중 하나인 가장 화려한 모습의 코린트 기둥 총 12개가 배치되어 있습니다. 건축물 외부의 조각상들을 자세히 살펴보면 여기저기 훼손이 되어 있는데, 아랍어로 파라오의 보물을 의미하는 건축물의 이름 때문에 건물에 보물이 숨겨져 있을 것으로 생각한 도굴꾼들에 의해 피해를 받았기 때문입니다.

알 카즈네 건축물은 일반 건축물들과는 전혀 다른 방식으로 만들어졌습니다. 일반 건축물들이 기초부터 만들어서 점점 상층을 향하여 지어지는 것과는 정 반대로 알 카즈네는 건축물의 윗부분에서 아랫부분으로 내려오면서 만들어졌습니다.

풍화작용에 의해 계단 형태로 된 자연지형을 이용하여 계단을 한 칸씩 내려오듯 이동하면서 사암의 내부를 조각하며 공간을 만들었습니다. 부조 조각에 의해 생긴 공간은 작업자들의 발판 역할을 하여 따로 건축 작업을 위한 건축물 외부에 발판을 만들 필요가 없었습니다. 알 카즈네 내부의 빈 공간은 정확한 크기의 돌 블록으로 잘라서 외부의 다른 건축물을 짓는데 사용했습니다. 알 카즈네 건축물의 화려한 건물 외부와는 매우 다르게 건물 내부에는 총 4개의 거대한 빈 공간이 있어서, 처음 건축물

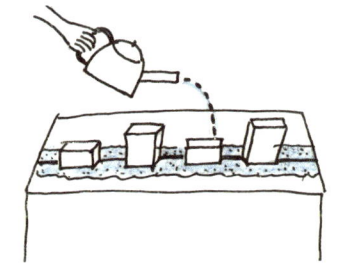
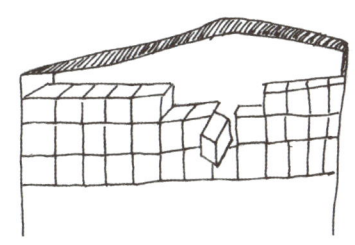

사암을 정확하게 잘라내기 위해 나무 쐐기를 사암에 박고 물을 뿌린다. 물을 머금은 나무가 팽창하면서 사암은 정확하게 분리된다.

사암 암벽을 부조 작업하여 건축물을 만들기 위해 제거한 사암 조각들은 주변의 도시를 만드는 건축 재료로 재활용되었다.

이 발견되었을 당시에는 건물의 용도에 대해 정확히 알 수 가 없었습니다. 하지만 2003년 알 카즈네 건축물 입구 아래로 6m 가량의 지하출입구가 발견되었고, 이후 복원을 한 결과 4개의 매장공간에서 11개의 유골과 대량의 유물이 발굴되어 알 카즈네 건물의 용도가 대규모의 영묘(靈廟), 즉 무덤과 종교용도의 건축물임이 증명되었습니다.

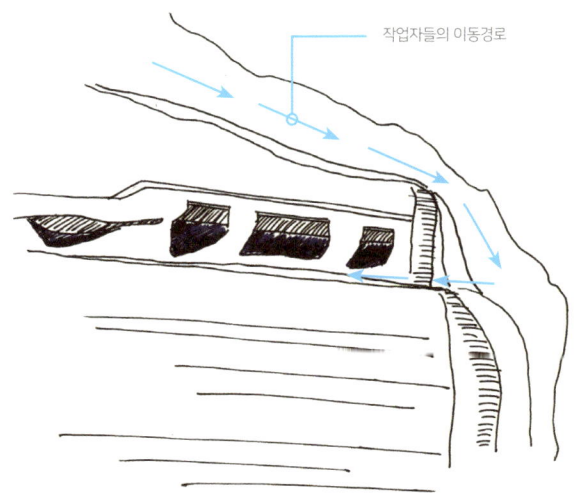

현재 페트라 도시에 남아있는 암벽의 흔적으로 고대 나바테안 사람들이 건축물을 어떻게 만들었는지 추정할 수 있다. 풍화작용에 의해 자연스럽게 만들어진 협곡을 발판 삼아 위에서부터 아래로 이동하면서 사암을 파내었다.

오늘날 지구 온난화 현상 등 많은 환경문제로 인해 고대도시 페르라도 심각한 피해가 발생되고 있습니다. 특히 물의 부족으로 인해 사암으로 만들어진 건축물은 그 훼손정도가 심각합니다. 이러한 물에 관한 중요성을 간파한 고대 나바테안들은 당시 물을 원활하게 공급할 관개시설을 잘 만들어 놓았습니다. 진흙재질로 만든 수로관을 개발하였고, 도시로 접근하는 길 옆에는 개방형 수로도 만들어 도시로 물을 공급하였습니다. 또한 도심의 곳곳에 물 저장탱크를 다수 만들어 놓아서 당시 인구 5만여 명과 수천만 명의 상인들에게 물을 공급했으리라 여겨집니다. 또한 우기에는 순식간에 홍수가 날 정도의 많은 비가 오는데, 특히 분지지역인 페트라 도시는 홍수 피해가 심각했습니다. 우기 때의 대규모 강수량을 대비하여 도시의 입구에는 물길을 바꾸는 댐도 건설하였습니다. 이처럼 사막과 암반지역의 불합리한 환경조건 속에서도 풍화작용을 이용하여 건축물을 설계하고 또한 철저한 관개시설 개발을 통해 확보한 물을 대지에 일정하게 공급하여 항상 자연현상의 균형을 맞추었던 고대 나바테안들의 삶의 지혜가 있었기에 고대도시 페트라는 문명의 꽃을 피울 수 있었습니다.

4.3 호주

시드니 오페라 하우스 _Sydney Opera House

호주의 시드니 도시는 전 세계의 아름다운 항구도시 중의 하나로 유명합니다. 그 아름다운 항구도시 시드니를 더 유명하게 만든 건축물이 있는데, 바로 시드니 오페라 하우스(Sydney Opera House)입니다. 프랑스 파리를 생각하면 에펠탑이 떠오르듯이, 어떤 도시를 대표하는 건축물을 의미하는 도시의 '랜드마크(Landmark)'로서 시드니 오페라 하우스는 시드니 도시를 알리는데 큰 역할을 했습니다.

1973년 완공된 시드니 오페라 하우스는 인간의 창의성으로 완성된 현대건축물의 가치를 인정받아 2007년에 유네스코 세계문화유산에 등재되었습니다.

주변의 푸른 바다와 하늘 그리고 백색 상아 빛 지붕들이 아름답게 대조를 이루는 시드니 오페라 하우스. 여러 우여곡절 끝에 1957년부터 1973년, 총 17년에 걸쳐 건물이 완공되었다.

1950년대 중반 호주 정부는 시드니 도시의 아름다운 자연경관에 어울릴만한 오페라 하우스를 건립하기로 결정하고, 전 세계의 건축가들을 대상으로 하는 국제건축 공모전을 개최합니다. 아름다운 시드니 항구에 어울릴 오페라 건축물을 설계할 기회는 전 세계의 유명한 건축가들의 꿈이었고 실제로 많은 건축가들이 공모전에 참여했습니다. 드디어 1957년 공모 당선작을 발표한 결과, 덴마크 출신의 '예른 웃손(Jørn Utzon, 1918-2008)' 건축가의 건축 작품이 당선되었습니다. 당시 예른 웃손은 39살의 젊은 건축가로서 자신의 나라인 덴마크에서 작은 건축물만 설계했던 경험을 가지고 있었던 잘 알려지지 않은 건축가였습니다. 이처럼 건축설계의 경험도 별로 없던 신예 건축가가 전 세계의 지명도 있는 건축가들을 모두 제치고 공모전에 당선될 수 있었던 이유는 그 무엇보다도 그가 제시한 창의적인 건축디자인 때문이었습니다.

예른 웃손(Jørn Utzon)
시드니 오페라 하우스를 설계한 건축가

건축가 웃손이 제시한 오페라를 위한 건축물은 우선 외관이 매우 독특했습니다. 건축을 잘 모르는 사람도 그가 제시한 건축물을 보면 쉽게 알아 볼 수 있는 모습의 건축물인데, 그 형태는 시드니 주변의 바닷가와 잘 어울리는 조개껍질을 형상화하고 있는 건축물이었습니다. 조개껍질을 연상시키는 유연한 곡선의 여러 지붕들이 얹혀져있는 건축물은 기존의 건물과는 매우 다른 아름다운 모습이었습니다.

시드니 오페라 하우스는 크게 두 부분으로 나뉩니다. 첫 번째 부분은 조개껍질 모양을 하고 있는 오페라 하우스의 공연 공간이며, 두 번째 부분은 조개껍질 모양의 아랫부분으로 주차장을 비롯한 공연을 준비하기 위한 부대시설이 배치되어 있는 기단부입니다. 특히 건축가 예른 웃손은 타국의 전통건축에 관심이 많았는데, 특히 시드니 오페라 하우스의 기단부는 중국의 전통건축과 멕시코의 고대건축에서 영감을 받았습니다. 중국의 전통건축물에 진입하기 전에 마치 테라스처럼 넓게 펼쳐진 계단들과 멕시코 마야문명의 신전건축 중앙에 배치된 계단을 시드니 오페라 하우스의 기단부에 배치하였습니다. 예른 웃손은 시드니 오페라 하우스의 기단부에 넓은 계단을 둠으로써 계단의 용도가 단순히 오페라 하우스에 진입하기 위한 진입로의 역할뿐만 아니라, 그 누구나 계단에 앉아서 쉴 수 있고 주변의 아름다운 바다풍경을 즐길 수 있는 휴식공간이 되길 원했습니다.

건축가 예른 웃손은 중국의 전통건축물에서 볼 수 있는 건물 하단부에 위치한 테라스처럼 넓게 펼쳐진 계단을 자신의 건축설계에 적용하였다.

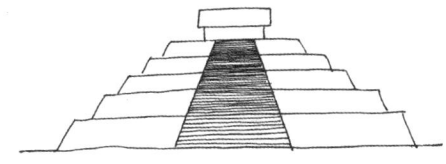

피라미드와 유사한 마야문명의 신전건축 중앙에 있는 넓은 계단도 시드니 오페라 하우스 외부 공간에 영감을 주었다.

사실 예른 웃손의 건축 작품이 공모전에 당선되기까지에는 우여곡절이 많았습니다. 웃손이 제시한 건축물이 기존의 건축물들과는 다른 창의적이고 아름다운 건축물이지만, 과연 실제로 공사가 가능한가에 대한 의구심이 들었습니다. 하지만 그 보다도 가장 심각했던 문제는 웃손이 제시한 건축 작품은 건축 공모전의 규칙에 맞지 않았습니다. 보통 건축공모전은 참여하는 모든 경쟁자들의 공정성을 위해 일정한 도면의 크기와 개수 등을 지켜야 하는 규칙이 부여됩니다. 하지만 웃손의 도면은 공모전이 규정한 규칙에 맞지 않아서 공식적으로는 서류심사에서 탈락해야 했으나, 당시 심사위원장의 강력한 지원으로 결국 당선에까지 이르게 됩니다. 오늘날 우리가 볼 수 있는 시드니 오페라 하우스는 그 당시 심사위원장의 의지가 없었다면 결코 볼 수 없었을 것입니다. 오늘날 시드니 항구를 아름답게 지키고 있는 시드니 오페라 하우스가 탄생하는데 가장 중요한 역할을 했던 건축공모전의 심사위원장은 당시 전 세계적으로 유명한 건축가였던 '에로 사리넨(Eero Saarinen, 1910-1961)'이었습니다. 심사위원장 에로 사리넨은 왜 그토록 공모전에서 가장 중요한 규칙까지 어겨가면서 웃손의 건축물을 당선시켰는지는 그가 설계한 건축물들을 보면 이해가 갑니다.

건축가 에로 사리넨
(Eero Saarinen)

에로 사리넨이 설계한 대표적인 건축물은 우선 1962년 완공된 미국 뉴욕의 존 에프 케네디 국제공항 청사 건물(John F Kennedy International Airport. TWA Flight Center)입니다. 비행장에 있는 건물에 맞게 날아가는 새를 형상화한 것이 인상적입니다. 에로 사리넨이 설계한 두 번째 대표적인 건축물은 미국 미주리 주의 세인트 루이스 도시를 흐르는 미시시피 강 옆에 위치한 대형 아치 모양의 건축물(St.Louis, Missouri. Gateway Arch)로써 미주리주를 대표하는 랜드마크 역할을 하고 있습니다. 이처럼 심사위원장인 에로 사리넨이 추구했던 건축적 성향이 자연의 모습을 형상화한 유선형 모양의 창의적인 건축물을 선호했고, 또한 그는 건축물의 역할이 건물 본연의 기능적 역할뿐만 아니라 그것이 속해 있는 도시를 대표할 수 있는 성격을 가진 건축물을 설계하는 것을 추구했습니다.

미국에서 대부분 건축 활동을 했던 에로 사리넨이지만 그가 태어난 곳은 핀란드입니다. 북유럽 국가들이 가지고 있는 아름다운 대자연 환경이 핀란드 출신인 에로 사리넨과 시드니 오페라 하우스를 설계한 덴마크 출신 예른 웃손을 서로 이어주는 큰 역할을 했을지도 모릅니다.

건축가 에로 사리넨이 설계한 뉴욕의 존 에프 케네디 국제공항 청사 건축물(TWA Flight Center)

건축가 에로 사리넨이 미국 미주리주에 설계한 게이트웨이 아크(Gateway Arch) 건축물

우여곡절 끝에 예른 웃손이 제안한 시드니 오페라 하우스가 국제공모전에 당선되어 실제 공사에 들어갑니다. 하지만 심사기간 동안에도 우려했듯이 조개껍질의 유선형 모양의 지붕은 실제로 건축물로 완성하기에는 복잡한 건축기술이 동원되어야 했고, 그에 따른 많은 시간과 막대한 예산이 필요했습니다. 실제 건축 공사가 진행되기 전에 예상했던 공사금액에 비해 시간이 지날수록 기하급수적으로 공사비가 증가되었고, 이러한 공사비 증액의 문제는 정치적으로 논쟁거리가 됩니다. 막대한 예산이

투여되는 시드니 오페라 하우스 공사는 정치인들의 주요 논쟁의 주제가 되었고, 공사는 중지 및 백지화 되려는 순간도 있었으나 세계적으로 유명한 건축가들의 전폭적인 지지 덕분에 공사는 계속 진행되었습니다. 하지만 논란의 중심에 있던 건축가 예른 웃손은 호주사람들의 비판의 대상이 되었습니다. 결국 예른 웃손은 비판을 견디다 못해 공사가 시작되고 10년이 지난 1966년 공사가 진행되는 도중에 호주를 떠나게 됩니다. 건축가로서 젊었던 한 평생을 매진했던 자신의 자식과 같은 건축 작업을 완성하지 못하고 시드니를 떠났던 그는 이루 말할 수 없이 괴로웠을 것입니다. 이러한 예른 웃손의 비통한 심정은 1973년 시드니 오페라 하우스가 완공되었음에도 불구하고, 그가 1966년 호주를 떠난 이후 다시는 호주를 방문하지 않았다는 사실이 대변하고 있습니다.

  1973년 시드니 오페라 하우스는 자신을 설계한 건축가 없이 공식 개막식을 치릅니다. 당시 영국의 엘리자베스 2세가 직접 시드니에 와서 개막식에 참여할 만큼 시드니 오페라 하우스는 완공된 그 당시부터 전 세계적으로 이미 유명했습니다. 예른 웃손은 자신이 설계한 건축물의 개막식에 초청받지도 못했고 엘리자베스 2세가 축하연설을 할 때에도 건축가 예른 웃손은 전혀 언급되지 않았습니다. 하지만 시간이 지나 예른 웃손의 건축적 위대함은 제대로 평가받기 시작하여 2003년에는 건축계의 노벨상으로 불리는 프리츠커상(Pritzker Prize)을 웃손이 수상하였고, 2004년에는 시드니 오페라 하우스의 한 공간을 '웃손의 방(Utzon Room)'으로 지정하여 건축가에게 예우를 했습니다. 하지만 건강상의 이유에서인

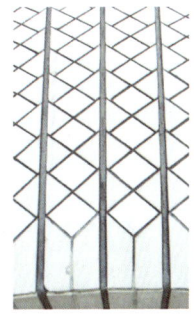

멀리서 보면 마치 빛나는 코끼리 상아와 같은 시드니 오페라 하우스의 외관은 작은 세라믹 타일들로 이루어져 있다.

지 아니면 마음의 상처가 아직도 아물지 않았는지는 알 수 없지만, 2004년 시드니 오페라 하우스에 '웃손의 방' 개막 명판 행사를 할 때도 예른 웃손은 호주에 오지 않았고, 이후 2008년 그의 생애를 마감할 때까지도 호주를 방문하지 않았습니다. 결국 예른 웃손은 자신이 설계한 시드니 오페라 하우스가 2007년도에 세계문화유산에 등재되는 기쁨을 맛보았음에도 불구하고, 실제로는 완성된 건물을 직접보거나 방문해보지 못한 채 시드니 오페라 하우스가 세계문화유산 등재된 다음해인 2008년도에 생을 마감합니다.

주변의 푸른 바다와 하늘 그리고 백색 상아 빛 지붕들이 아름답게 대조를 이루는 시드니 오페라 하우스

건축가와 동행하는
오감으로 만나는 세계문화유산

지은이.	최호순
삽화.	최호순
ISBN.	979-11-89659-06-6
초판 2쇄 펴낸 날.	2020년 02월 12일
인쇄.	(주)베러웨이시스템즈

펴낸 곳.　　A. 서울시 서초구 양재천로13길 18(양재동)
아키랩　　　T. 02-579-7747
　　　　　　M. 1979anc@naver.com

디자인.　　　편집 디자이너. amyyaap
마실와이드　A. 서울시 마포구 월드컵로8길 45-8, 1층
　　　　　　T. 02-6010-1022
　　　　　　M. masil@masilwide.com
　　　　　　H. www.masilwide.com

ⓒ2018 최호순
* 이 책 내용의 전부 또는 일부를 재사용하려면
  반드시 저작권자와 도서출판 아키랩의 동의를 받아야 합니다.